ΣBEST シグマベスト

JN056363

専門学校受験

看護医療系の国語常識

佐々木琳慧 編著

これで合格

文英堂

はじめに

看護師免許をはじめとして、看護医療職の免許を取得するためには、国家試験に合格しなければなりませんが、国家試験を受けるにも資格が必要です。その受験資格は、看護医療系の学校（四年制大学・短期大学・専門学校など）で学ぶことによって得ることができます。

看護医療系学校の入学試験は、四年制大学の出題傾向と短大・専門学校の出題傾向との間に大きな違いがあります。その中でもいちばん差が大きいのは、国語の試験です。ですから、専門学校への進学を目指している人は、国語の受験勉強をするとき、大学入試対策書を使うよりも、専門学校入試をターゲットにしている本を利用するほうが効果的だと言えます。

本書は、看護医療系専門学校の入試からデータを集めて研究し、その結果を踏まえて作りました。**詳細なデータ分析にもとづく「看護医療系専門学校 入試必勝本」**は、おそらく本書が初めてでしょう。本書を武器にして、ぜひ関門を突破してください。

この本の特色と活用法

にがてな人も、だいじょうぶ。ツボをおさえて、合格へまっしぐら。

五つのポイント

1 得点源になる「国語常識」を収録

漢字・語句・口語文法・敬語・文学史といった「国語の知識分野」にあたる内容を収録しています。これは、きちんと勉強すれば必ず身につき、身につけば得点に直結する、とてもおいしい分野です。

2 本当に「出題されたもの／出題されるもの」を掲載

膨大な入試データの詳細な分析をもとに、本当に問われるものを、本当に問われる形で掲載しています。

3 「演習問題」と「必修知識」の二本柱

主として、頻出の演習問題でトレーニングするページと、必修の重要知識を解説・整理したページから成っています。

4 「意味」と「例文」がついている

演習問題でとり上げる漢字と語句には、基本的に、意味と例文を示しています。意味を知らずに漢字や語句を丸暗記しても、その記憶は数日しか続きません。逆に、きちんと意味を知り、例文で使い方を理解するようにすれば、非常に覚えやすく、忘れにくくなるのです。

5 「さくいん」がついている

重要事項や漢字・語句などを、巻末のさくいんに載せています。さくいんでは、掲載ページを調べることができるほか、学習の定着度合いをチェックすることもできます（さくいんの活用法については、14ページで詳しく説明しています）。

おもな構成要素

Part と item

漢字・語句・口語文法・敬語・文学史という分野別にPartを設けています。それぞれのPartは、さらに内容のうえからitemという単元に分かれています。

ガイダンス

看護医療系専門学校の受験生として知っておきたい心構えを解説しています。国語常識の学習を始める前に、まずここを読みましょう。

徹底解剖

漢字・語句・口語文法・敬語・文学史の各分野の入試傾向や学習法を解説しています。メスを入れるように、鋭く切り込みました。また、看護医療と一見関係なさそうな国語常識がなぜ必要なのか、わかりやすく説明しています。ここを読んで、学習のモチベーションを高めましょう。

集中治療室

頻出知識を集中的にまとめています。特に口語文法・敬語・文学史は、問題を解く前にここを読んで、おさえどころをマスターしておきましょう。

演習問題

「とにかく具体的に実践してみることが大事」と考えて、演習問題をたっぷり用意しました。演習問題のページは、いくつかのケース(出題パターン別・出題頻度別の大問)から成っています。ケースごとに、出題頻度を★の数で示しました(五つ星が最頻出)。

模擬テスト

国語常識の学習の総仕上げです。内容だけでなく、形式まで本物の入試のスタイルをとっていますので、受験本番のつもりでチャレンジしてみましょう。

問題を解くときに気をつけてほしいことを、指摘しています。

知っているとプラスになることがらを、アドバイスしています。

Contents

Part1
国語常識 はじめの一歩

Part2
漢字

Part3

語句

Part4

口語文法

Part5 敬語

Part6 文学史

Part7 国語常識 しあげのテスト

国語常識
はじめの一歩

これで合格

Part1

item 1

ガイダンス

看護医療系専門学校の入試事情

ポイント 看護医療系専門学校の入試事情

❶ 漢字問題が難しい。
❷ 記述式問題が多い。
❸ 入試問題は学校からのメッセージ。
❹ 相手とのコミュニケーションが大切。

ポイント❶ 漢字問題が難しい。

四年制大学の入試問題と専門学校の入試問題とでは、前者のほうが難しいと考えるのが一般的な見方でしょう。しかし、看護医療系入試の国語(特に漢字・語句などの知識を扱う「国語常識」の分野)では、この一般的な見方と現実との間に大きなズレがあります。つまり、東京大学や京都大学などのいわゆる難関大学では難しい漢字が出題され、専門学校では易しい漢字が出題される、とふつうは考えられがちですが、現実はその逆なのです。次の例を見てください。カタカナを漢字に直す問題です。

❶ **コクフク**(克服)・**チョウエツ**(超越)・**ホゴ**(保護)・**ツウネン**(通念)
❷ **カジョウ**(過剰)・**コッケイ**(滑稽)・**イカン**(遺憾)・**ムジュン**(矛盾)

漢字をなめると
痛い目にあうよ。

❶と❷を見比べると、❷の漢字を書くほうが難しそうな感じがしませんか。けれども実は、❶は東大、❷は某看護専門学校で出題されたものです。このように、**看護医療系専門学校のほうが、難関大学より手こずる漢字問題を出す**のです。

では、なぜこんなことが起こるのでしょう。一つは出題形式の違いです。東大・京大の入試では、長文の問題が出て、文中に傍線が引かれ、漢字の読み書きが問われます。一方、看護医療系専門学校の場合、文章問題は全体の半分くらいで、残りの半分で漢字問題・語句問題・文学史問題といった**国語常識問題**が出題されます。そうなると、文章問題の文中に登場しない難しい漢字でも自由に出題できますから、**看護医療系専門学校の漢字問題は難化する**のです。

今日限り「自分が受験するのは専門学校だから、漢字の勉強は適当でいい」という考えは捨てましょう。専門学校だからこそ、しっかり漢字を勉強しなければ得点できません。学校によっては漢字問題が三〇問も出ますから、**漢字をさぼると不合格になってしまう**のです。

ポイント❷
記述式問題が多い。

私立大学の入試は、ほぼ全部がマークシート、選択式問題です。ところが、看護医療系専門学校の場合、マークシートは全体のわずか一五パーセントに過ぎません。残りの八五パーセント、つまり**圧倒的多数は記述式**で、いちから解答を書かねばなりません。受験生の数が非常に多く、機械処理のできるマークシートでないと採点が追いつかない私立大学に比べ、募集定員が少ない専門学校では、記述式でも何とか採点できるのです。

なお、専門学校によっては**「楷書で丁寧に書きなさい」**という指示が付く場合があります。**楷書で丁寧に書かなければ点数をもらえない**ことを、忘れないでください。

ポイント❸
入試問題は学校からのメッセージ。

ポイント❹
相手とのコミュニケーションが大切。

ここまで読んで、看護医療系専門学校の入試の大きな特徴がつかめたと思います。

では、なぜこのような特殊性があるのでしょうか。それは、**入学後に必須の能力が受験生に備わっているかを見る**ためです。入学後の医療実習では、頻繁に打ち合わせがあり、カンファレンスノートを書いたり、実習レポートを書いたりせねばなりません。ところが、一定レベルの**漢字読み書き能力**や**レポート記述能力**が備わっていないために、レポートの通らない生徒がかなりいて、看護医療系専門学校の留年率はけっこう高く、学校側にとって悩みの種となっています。そういうことが起こらないよう、**「最低限の漢字能力と記述能力のある生徒が欲しい」**というメッセージを、学校は入試問題を通して発信しているのです。

看護医療に従事する人にとっていちばん大切なことは、相手とのコミュニケーションをきちんと取り、相手の気持ちをくみ取ることです。こちらの都合だけで勝手に投薬したりリハビリ計画を組んだりしたら大問題、看護医療職の人間として失格です。

入試も基本は一緒です。入試は、**志望校が要求している力をくみ取って、その力を身につける**ことができれば、合格します。究極の入試必勝法とはこれです。つまり、受験勉強で最も重要なのは、志望校が要求している力を身につけること、この一点なのです。

受験勉強で培《つちか》った**コミュニケーション能力**は、入学後も就職後も本当に役に立ちます。ぜひ身につけましょう。

必要な能力はちゃんと備わってるかな。

いかがですか？　入試問題は**学校からのメッセージ**であり、**学校が要求している力**を身につけることが大切だ、と気づいてもらえたでしょうか。

それではここで、具体例として「ハートランドしぎさん看護専門学校（奈良県）」の例を紹介しましょう。

この学校のウェブサイトでは、入試の過去問題が掲載され、入試のねらいについて次のようなコメントが添えられています。

> 入学希望者の皆様へ
> 入学試験科目は、国語総合・一般教養・小論文です。
> 本校の学科試験は、決して難易度の高いものではなく、**入学後の学習に支障をきたさない程度の基礎的な知識**を持ち合わせておられるか否かを判断させていただくものです。

さらに、入試科目の国語総合について、次のようなコメントもあります。

> 入学後、**常用漢字の「読み書き」「敬語の正しい使い方」**は重要ですので、**漢字・熟語・敬語等の知識**を問う問題は出題されます。また、**文章を読み取る力**、**内容を要約する力**、つまり**「読解力」**が求められます。よって、問題1には長文読解問題が必修で出題されます。
> （以上、許可を得て引用。強調文字は本書編著者による）

ここで紹介したのは「ハートランドしぎさん看護専門学校」からの受験生へのメッセージですが、全国いずれの看護医療系専門学校も、この内容とだいたい同じようなことを考えています。

さあ、みなさん。目指す学校の要求する力を身につけて、みごと入試を突破しましょう。

item 2

ガイダンス

効果的な覚え方

ポイント 効果的な覚え方

❶ 書く前に、まず目で見て確認。
❷ ひたすら「書く」だけも、「眺める」だけも、ダメ。
❸ 細分化して覚える。
❹ さくいんを活用する。

ポイント❶ 書く前に、まず目で見て確認。

看護医療系専門学校の入試の八五パーセントが記述式ですから、「書く」学習は欠かせません。しかし、最初からすべて書いていたら、時間がかかりすぎます。「書かなければ頭に入らない」と言う女子生徒がけっこういますが、何でもかんでも書いていると時間がかかり、範囲の二、三割しか勉強できていないのに試験の日が来てしまいます。これでは、勉強の方法が根本的に間違っていると言わざるを得ません。

最初からすべて書く勉強法はやめて、**まず、目で見てパッと答えが頭に浮かぶかどうかを確認**します。**その次に、ダメだったものを書いて覚える**という方法で勉強しましょう。

ポイント❷
ひたすら「書く」だけも、「眺める」だけも、ダメ。

勉強というと、女子生徒は、「とにかくノートに書く」というスタイルをとるタイプが非常に多いのですが、多くの場合それは「ノートという作品を作っている」だけで、頭には入っていません。その一方で男子生徒は、絵を見るように本やノートを「眺めている」だけのタイプが多いのです。女子生徒を「ノート作品制作型」、男子生徒を「絵画鑑賞型」とでも名づけることができるでしょう。そんな生徒は、実際にテストをしてみると、知識が頭に全然入っていないことがわかります。

ポイント❸
細分化して覚える。

覚えるコツは、**細分化する**ことです。

一ページか見開き二ページずつ勉強します。**ポイント❶**の方法で暗記できたら、実際に解答欄を埋められるか、答えが口をついて出る状態になっているか、チェックしましょう。これを一セットとして、同じように五セットまで進んだら、最初に戻って復習します。だいたい六割くらい忘れていますから、きちんと復習して覚え直しましょう。

そのあと、新しく一、二ページずつの暗記とチェックを五セット進み、また復習します。

ここまで終えたら、合計一〇セット分の範囲でテストしてみましょう。今度も六割くらいは忘れていますから、覚え直します。こうやって進まない限り、完璧に覚えることは難しく、成績は上がりません。

なるほど！
目からウロコの覚え方！

❶ 一ページか見開き二ページずつ、暗記して、チェック。
❷ ❶を五セット進む。
❸ ❷ができたら、五セット分を復習。
❹ 新しいページに進んで、❶～❸と同じことをする。
❺ ❹ができたら、ここまでの一〇セット分をテストし、復習。

ポイント④ さくいんを活用する。

本書の巻末には**さくいん**を用意しています。ひととおりの勉強が終わったら、さくいんを使って復習しましょう。

さくいんの項目を見て、だいたいの内容が頭に浮かべば０Ｋとして、次の項目に進みます。もし思い出せなかったら、その項目のチェックボックスに×を一つ書き込みます。

二回目の復習では、**×がついた項目**だけを見ます。また思い出せない項目があれば、×をつけます。つまり、一回目も二回目もダメな項目には×が二つつくわけです。

三回目の復習では、**×が二つの項目**だけを見ます。今度もダメなら×が三つになります。さくいんを使った復習は、ひとまずこれで終わりです。

いよいよ入試が迫ってきたら、**×が三つの項目**だけ復習しましょう。そうすると、きわめて短期間で苦手なものだけを復習できるのです。

さくいんを利用しない手はないよ。

漢字

これで合格

Part2

item 3

徹底解剖

漢字

最頻出は二字熟語

看護医療系専門学校の入試で最も出題されるのは**二字熟語**で、全体の八割を占めます。日本語では漢字を熟語の形で使うことが圧倒的に多く、使用頻度が入試の出題頻度にほぼ反映されているのです。

漢字の意味に注意

漢字攻略のコツは、**意味をおさえながら覚える**ことです。よく指摘されることですが、漢字の**部首**は、ある一定の意味を持っています。たとえば、子安貝《こやすがい》という貝がお金の代わりとして使われたことがあったため、部首が「貝」の漢字には、金銭に関係する意味を持つ字が多いのです。

- ●貨……例 貨幣
- ●貸……例 貸借
- ●買……例 売買
- ●費……例 費用
- ●資……例 資金
- ●貿……例 貿易
- ●販……例 販売
- ●貯……例 貯金
- ●財……例 財産

漢字のパーツに注目

部首ではないものの、**漢字を組み立てているパーツ**が共通する字も多く見られます。特に漢字の右側のパーツは発音を表すことが多いのですが、「パーツが同じ→発音が同じ→意味も同じ」となる例がけっこうあります。一例として、「反」という漢字を挙げましょう。「反」の読みは「ハン」（古くからある音はホン）で、本来の意味は「垂れさがった布を手で押すと、もとに戻る」です。そのため、「反」のパーツを含む漢字は、（当時の中国語で）「ハン」と発音する字が多く、意味にも共通性があります。

- ●反……例 反対＝押した意見が、否決されて、もとに戻る。
- ●返……例 返事＝相手の言葉を受けて口から発した言葉が、相手に戻る。
- ●坂……例 坂道＝ずっと押し上げていないと、もとの場所に戻ってしまう。

このように、**パーツが共通していたり、似通っていたりしたら、意味も兄弟関係にある**ことが多いのです。

本書の別冊では、この本に出てくる漢字について、意味やパーツを解説しています。それは、**意味やパーツの理解が、漢字を覚えるのに役立つ**からです。

エピソード1
「微」と「徴」

それでは、ここで三つのエピソードを紹介しておきましょう。まず一つめ。**「顕《けん》微鏡《びきょう》」の「微」と「特徴《とくちょう》」の「徴」は、形が似ていて書き間違いやすい**漢字ですね。記述式が主体の看護医療系専門学校入試を受験するみなさんにとっては、頭が痛いところです。

エピソード2
「喪」と「哀」

この二字は、「微」がもとになって「徴」が生まれた、という関係にあります。

「微」の意味は「わずか・かすか」。したがって、「顕微鏡」なら「微(=わずか)なものを顕(=はっきり)と見る鏡」の意味になります。

一方、「徴」は、「かすかに感じられる臣下の才能を王様が鋭く見いだして、活躍させる」という意味を表し、「微」とほぼ同じ形をしていて、中に「王」が入っています。部下の能力を上手に活かさないと会社はすぐつぶれてしまいますが、昔の王国もそれと同じなのでした。


「喪失《そうしつ》」「喪中《もちゅう》」の「喪」の下の部分を、間違って「𧘇」と書いてしまうことが非常に多くあります。正しく書けるのは国語の先生くらいでしょうか。場合によれば先生だってあやしいかもしれません。しかも、「喪」は「哀悼《あいとう》」「哀惜《あいせき》」の「哀」とよく似ていますので、二字の混同もよく起こります。

二つの漢字を見比べてみましょう。

「哀」は、「衣」の真ん中に「口」が入った形をしていますね。これは、「衣+口」で、「人が死んだときに、衣を着た人が、口を衣の袖でおさえて泣く」というイメージを表しているのです。したがって、「哀」は「かなしい」という意味になります。

それなら「喪」は「口」が二つだから「二つの口が泣く」って意味かな、と思った人はいませんか。そう、そのとおりです。「喪」は、「人が死んだときに、二人以上の人が、口を開けてオイオイ泣く」というイメージを表しています。けれども、なぜ「喪」は「衣」の真ん中に「口」が二つ入った形ではないのでしょう。「哀」は人が一人(口が一つ)に衣が一つで問題ありませんが、「喪」は人が二人(口が二つ)ですから、「衣」が一人分しかないとしたら、そりゃまずい……というわけです。

エピソード3
「衝」と「衡」

「衝撃《しょうげき》」の「衝」と「平衡《へいこう》」の「衡」はとても似ていて、しょっちゅう書き間違うということはありませんか。真ん中のパーツが異なるので、この部分に何かあるんじゃないかと目をつけたなら、漢字攻略のコツがわかってきた証拠です。

「衝」は中央のパーツが「重」で、「重いものがドッカーンとぶつかる」というイメージを表しています。だから、「**衝撃**」という熟語ができるのです。

一方、「衡」の中央のパーツは「奐」で、下のほうに「大」があります。これは「大きなものがぶら下がっているので、バランスをとらないと、たいへん」という意味なのです。たしかに、「**平衡感覚**」といえば「体のバランスを保つ感覚」のことですね。

三つのエピソードを紹介しましたが、実はほとんどの漢字について、このように意味やパーツを説明することが可能です。しかし、本書で扱う漢字すべてを詳しく説明していると、本の厚さが百倍以上になってしまいそうですから、別冊で、要点をしぼって簡潔に説明することにしました。書き間違いやすい漢字などについても指摘しています。本書をマスターすると、看護医療系専門学校入試の頻出漢字に、びっくりするくらい強くなるでしょう。特に記述式問題への対応は最強です。

（なお、ここで紹介したエピソードの内容や、別冊の漢字解説の内容には、ほかに諸説があります。）

漢字の読み方もあなどれない

漢字の読み方も、書き取り同様になかなか厄介な出題が見受けられます。読みにくい動植物の名称が出題されたり、体の部位の読み方が問われたりすることもあります。本書では、頻出の読み方について演習問題を用意したほか、動植物・体に関する名称を一覧できるように整理しました（→ *p. 66*）。

item 4

超基礎レベルの書き取り・読み方

ケース 4-1

● 書き取り30 ［音読み］

傍線部のカタカナを漢字に直して書きなさい。

★★★★

解答▼別冊 *p.* 1

① 生活習慣と病気の**インガ**関係を解明する。
げんいんと、けっか。

② 医療事故には複数のミスが**カイザイ**する。
間にそんざいすること。

③ **カンジャ**の気持ちを第一に考える。
病気の人やけがの人。

④ **キショウ**価値のある漢方薬を入手する。
すくなくて、めったにないこと。

⑤ はっきりした**クチョウ**で受け答えする。
言葉を話すちょうし。

⑥ 入院費用の**ケントウ**をつける。
みこみ。予想。

⑦ **ゴウイン**なやり方に対して不満を言う。
無理やりに行うこと。

⑧ すべての物質には**コユウ**の振動数がある。
そのものだけにあること。

⑨ **ショウカ**のよい食べ物をとる。
体内で食物を吸収しやすい形に変えること。

⑩ 風邪の**ショウジョウ**が悪化する。
病気のじょうたい。

⑪ **ジョウダン**を言って病人をなごませる。
ふざけて言う言葉。

⑫ 傷口を**ショウドク**する。
病原菌を殺すこと。

⑬ **スジョウ**の確かな品を見舞いに贈る。
ゆいしょ。いわれ。

⑭ 親の介護は**セツジツ**な問題だ。
直接かかわってくること。

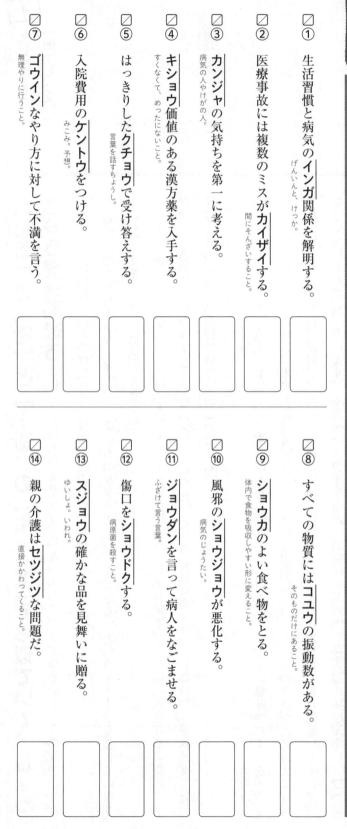

⑮ 予想と実験結果がソウイする。
一致しないこと。

⑯ 開院予定地の売買をチュウカイする。
なかをとりもつこと。

⑰ チュウスウ神経が損傷する。
主要な部分。

⑱ インフルエンザがデンセンする。
病原体が体に入って病気を起こすこと。

⑲ トウメイな液体を検査にかける。
すきとおっていること。

⑳ 病名がわからずトホウに暮れる。
手段。ほうしん。

㉑ 紛争地で病院がハカイされる。
こわすこと。

㉒ ビョウショウで本を読む。
びょうきの人が寝ている所。

㉓ 予防接種がフキュウする。
広く行き渡ること。

㉔ フクシのサービスを充実させる。
生活を安定・充実させること。人々に等しくもたらされる幸せ。

㉕ 臨床結果をブンセキする。
細かい点まで明らかにすること。

㉖ ボウケンをするだけの値打ちはある。
きけんなことをあえて行うこと。

㉗ 自分の体がユイイツの財産だ。
それひとつだけで他はないこと。

㉘ 花粉症を完治させるのはヨウイではない。
たやすいこと。

㉙ ヨキしない症状が出る。
あらかじめきたいすること。よそう。

㉚ 脳死についてはまだ議論のヨチがある。
ゆとり。よゆう。

★item 4でとり上げるのは、すべて、中学校卒業までに学習した漢字。だから、読み書きができて当然だけれど、入試によく出る。

★知っている漢字だからといって、油断は禁物。間違った形で覚えてしまっていないか、別冊の正解をしっかり見て、チェックしよう。

ケース 4-2

●書き取り20［訓読み］

傍線部のカタカナを漢字に直して書きなさい。

解答▼別冊 p. 2

★★★★

- ① 薬品を慎重にアツカう。　手であやつる。処理する。
- ② 健康のために朝日をアびる。　体に物をたくさん受ける。
- ③ 薬用植物の球根を庭にウめる。　他の物でおおって見えなくする。
- ④ 老人をウヤマう。　そんけいする。
- ⑤ 目標とする将来像をエガく。　思い浮かべる。
- ⑥ 医者の忠告に耳をカタムける。　ある物事へ向ける。
- ⑦ 暖房を入れると空気がカワく。　水分がなくなる。
- ⑧ 患者との信頼関係をキズく。　つくり上げる。
- ⑨ 食後にクダモノを食べる。　食用となる、草木の実。
- ⑩ ケワしい山に登って体を鍛える。　斜面の角度が大きくて、登るのが困難である。

- ⑪ 睡魔にサカらう。　反抗する。
- ⑫ 自分の使命をサトる。　はっきりと理解する。感づく。
- ⑬ スナオな性格で人に好かれる。　性格や態度がひねくれず真っすぐである。
- ⑭ レポートの締め切りがセマる。　押し寄せる。
- ⑮ 器具をタナからおろして点検する。　物を載せるために、横に渡した板。
- ⑯ ひじきのニモノは栄養価が高い。　にて作った食べもの。
- ⑰ 薬をまんべんなくヌる。　表面にすりつける。
- ⑱ 健康的なハダの色だ。　皮膚。
- ⑲ ヤミの中を手探りで歩く。　光がまったくない状態。
- ⑳ 地震で建物がユれる。　前後左右に動いて不安定な状態になる。

ケース 4-3

● 読み方20［訓読み］

傍線部の漢字の読み方をひらがなで書きなさい。

解答▼別冊 p. 2

★★★★

① 軽率な行動を**戒**める。（間違いをしないように注意を与える。）

② **滑**らかな斜面を転げ落ちる。（表面がでこぼこしていなくて、つるつるしている。）

③ 時計台を**仰**ぎみる。（見上げる。）

④ 病室のインテリアに**凝**る。（細かいところまで工夫をめぐらす。）

⑤ **憩**いのひとときを過ごす。（心身をゆったりと休めること。）

⑥ 多忙で家庭を**顧**みるゆとりをなくす。（気にかける。）

⑦ **喉元**過ぎれば熱さを忘れる。（首の付け根のあたり。）

⑧ 快気祝いのパーティを**催**す。（行事を計画して行う。）

⑨ 血の**巡**りをよくする。（順にまわること。）

⑩ 体内に**潜**むウイルスを検出する。（隠れていて姿を見せない。）

⑪ 研究会への参加を**促**す。（そうするように勧める。）

⑫ 内視鏡でポリープを**捉**える。（認識の中におさめる。つかまえる。）

⑬ 勉強を**怠**るとあとでたいへんだ。（すべきことをなまける。）

⑭ 将来に備えて知識を**蓄**える。（のちに役立てるためにためておく。）

⑮ 新しいタイプの医学書を**著**す。（本を書く。）

⑯ 体力の低下が**著**しい。（程度がはなはだしい。）

⑰ つぶらな**瞳**を輝かせる。（目。）

⑱ 移植手術には危険が**伴**う。（ある物事に応じて、同時に別の物事が起こる。）

⑲ 無医村に**赴**く。（その方へ向かって行く。）

⑳ 発作を**抑**える薬を飲む。（活動させないようにする。）

ケース 4-4

●読み方30［音読み］

傍線部の漢字の読み方をひらがなで書きなさい。

★★★★ 解答▼別冊 *p.* 3

①大自然に**畏敬**の念を抱く。（おそれ敬うこと。）

②二時間ごとに**休憩**を取る。（途中で少し休むこと。）

③**曖昧**な返事はトラブルのもとだ。（はっきりしないこと。）

④高額な医療費に**閉口**する。（どうにもならなくて困ること。）

⑤手洗いの**励行**を心がける。（決められたことをきちんと実行すること。）

⑥**崇高**な目的を目指す。（気高くて尊いこと。）

⑦**裁縫**を習って洋服を作る。（布を裁ち切って、衣服などを縫うこと。）

⑧病原菌を**培養**する。（人工的に生育・増殖させること。）

⑨あまりの痛みに**絶叫**する。（ありったけの声を出して叫ぶこと。）

⑩病状を**把握**する。（しっかり理解すること。）

⑪人生について**思索**にふける。（深く考えること。）

⑫式典が**厳粛**に執り行われる。（おごそかで身が引き締まること。）

⑬勉強することで不安を**払拭**する。（すっかりぬぐい去ること。）

⑭**硬直**した筋肉をマッサージする。（こわばって自由に動かなくなること。）

⑮必ず手術を成功させると**豪語**する。（自信ありげに大きなことを言うこと。）

⑯院内感染の可能性を**示唆**する。（それとなく示すこと。）

⑰じっと一点を**凝視**する。（目を凝らして見つめること。）

⑱医療現場に**空疎**な議論は無意味だ。（形だけで内容がないこと。）

⑲**怠惰**な生活を改める。（怠けてだらしないこと。）

⑳看護師には**煩雑**な仕事が多い。（ややこしいこと。）

㉑ 発作を起こす**頻度**が高くなる。
物事が繰り返して起こる度合い。

㉒ 神の力を**畏怖**する。
おそれおののくこと。

㉓ 素材を**吟味**して料理する。
詳しく調べて確かめること。

㉔ 人間には自然**治癒**力が備わっている。
病気やけがが治ること。

㉕ **官吏**に登用される。
国家公務員。

㉖ 痛みを**緩和**するのも治療の一つだ。
苦痛をやわらげること。

㉗ **彼岸**の中日に墓参りをする。
春分または秋分の前後七日間。

㉘ 名作が心の**琴線**に触れる。
物事に感動する心の働き。

㉙ 神経回路を**遮断**する。
さえぎって止めること。

㉚ 高熱のため動作が**緩慢**になる。
動きが遅いこと。

頭の中では正しい答え(漢字の読み方)がわかっていても、ヘンテコなひらがなで答えを書いたら、減点されかねない。次のページで、**正しく美しいひらがなの書き方**を練習しておこう。

item 5

集中治療室

ひらがなの書き方

看護医療系専門学校の入試では、設問文に「楷書で丁寧に書きなさい」という指示が添えられていることがよくあります。きれいに整った文字を落ち着いて書けるかどうかは、将来、看護医療職に就いたとき、さまざまな薬や医療器具を丁寧に扱い、患者に対して丁寧に接することができるかどうかを試すテストにもなるのです。

しかし、漢字練習の陰に隠れて、ひらがなは、自己流で変な字を書いている人が、意外と多くいます。「ひらがなの練習なんて……」とばかにしてはいけません。今のうちにひらがなの書き方を矯正しておきましょう。

あ　い　う　え　お

あ　い　う　え　お

か　き　く　け　こ

か　き　く　け　こ

さ　し　す　せ　そ

さ　し　す　せ　そ

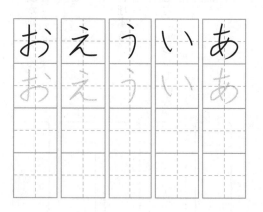

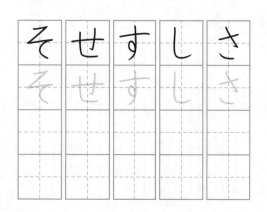

わ		も	め	む	み	ま		と	て	つ	ち	た
わ		も	め	む	み	ま		と	て	つ	ち	た

を		よ		ゆ		や		の	ね	ぬ	に	な
を		よ		ゆ		や		の	ね	ぬ	に	な

ん		ろ	れ	る	り	ら		ほ	へ	ふ	ひ	は
ん		ろ	れ	る	り	ら		ほ	へ	ふ	ひ	は

item 6

熟語の書き取り

熟語の書き取りは
超頻出。
たっぷり演習しよう。
出題パターン別に、
★で示した頻度別を
加味して、「ケース」を
設けました。

ケース 6-1

★★★★★

●書き取り50［音読み］
傍線部のカタカナを漢字に直して書きなさい。

解答▼別冊 p.4

① 健康のため理想体重をイジする。（そのまま保つこと。）

② イセイのよい声で励ます。（いきおいがあって元気なこと。）

③ 薬のエイキョウで胃腸をこわす。（反応や変化が他の物事に現れること。）

④ 老人を手厚くカイゴする。（高齢者や病人の日常生活を助けること。）

⑤ 氷のかたまりをカイトウする。（こおっているものをとかすこと。）

⑥ 条件にガイトウする。（あてはまること。）

⑦ 反対者はカイムで、全員賛成した。（まったく存在しないこと。）

⑧ 細くなった血管をカクチョウする。（広げて大きくすること。）

⑨ カンカクを十分開けて並べる。（物と物とのあいだ。）

⑩ 感染症への注意をカンキする。（呼びおこすこと。）

⑪ 症状をカンケツに書きとめる。（かんたんですっきりと要点をおさえてあること。）

⑫ 収益の一部を社会にカンゲンする。（もとに戻すこと。）

⑬ 感染症の発生にウイルスがカンヨする。（かかわること。）

⑭ 違反者にもカンヨウな態度を取る。（厳しくとがめず受け入れること。）

⑮ 高熱でキオクが曖昧《あいまい》になる。
覚えていること。

⑯ エックス線写真にキミョウな影が映る。
珍しくて不思議なこと。

⑰ 医療の進歩をキョウジュする。
うけ入れて味わうこと。

⑱ 薬剤をギンミする。
詳しく調べて確かめること。

⑲ 伝染病の流行をケイカイする。
用心すること。

⑳ 隣の病室に人のケハイがある。
何となく感じられる様子。

㉑ 救助活動をケンメイに続ける。
いのちがけでがんばること。

㉒ 社会人としてコウセイを果たす。
精神的・社会的に立ち直ること。

㉓ 通院のために時間をコウソクされる。
自由を制限すること。

㉔ コチョウせず、ありのままに言う。
大げさに表現すること。

㉕ 研究が行き詰まってザセツする。
途中でだめになること。

㉖ 不思議なサッカクにとらわれる。
思い違い。

㉗ 不整脈でジュンカン器科を受診する。
繰り返しめぐること。

㉘ 医療に対するジュンスイな熱意を持つ。
まじりけがないこと。

㉙ 突然の知らせにショウゲキを受ける。
激しいショック。

㉚ 治療法をショウサイに説明する。
くわしいこと。

㉛ 鳩は平和のショウチョウである。
抽象的なことをわかりやすい形で表したもの。シンボル。

㉜ 高熱が続いてスイジャクする。
おとろえてよわること。

㉝ センサイな心が傷つく。
感情がこまやかで感じやすいこと。

㉞ 感染後のセンプク期間が長い。
隠れて現れないこと。

㉟ 病理学をセンモンに学ぶ。
特定の分野に従事すること。

㊱ ソガイ感を抱いて心を病む。
仲間はずれにすること。

㊲ ソクザに効果が表れる。
その場ですぐ。

㊳ 乳幼児をタイショウに検診を実施する。
目標となるもの。

▶つづく

㊴ タンネンな仕事ぶりが評価される。
丁寧に心を込めて行うこと。

㊵ 疲労がチクセキする。
つみ重なること。

㊶ 社会のチツジョを乱してはならない。
調和を保っている状態。

㊷ 栄養不良でテイコウ力が落ちる。
外からの力に逆らうこと。

㊸ 二次災害を避けて救助隊がテッタイする。
引き払うこと。

㊹ 診断にはドウサツ力も必要だ。
鋭く見つめて本質を見抜くこと。

㊺ 不正を告発するトクメイの投書が届く。
本当のなまえを知らせないこと。

㊻ 被害状況をハアクする。
しっかり理解すること。

㊼ 救急の現場で実力をハッキする。
持っている力を十分に出すこと。

㊽ 発作がヒンパンに起こる。
しきりに起こること。

㊾ 善意の寄付金をムダにしてはならない。
役に立たないこと。効果がないこと。

㊿ 治療法にこだわってユウズウがきかない。
場に応じて適切な処置をとること。

ケース 6-2

● 書き取り125 ［音読み］

傍線部のカタカナを漢字に直して書きなさい。

★★★★ 解答▼別冊 *p.* 5

① イジの悪いことを言って相手を困らせる。
気立て。根性。

② 薬物イゾンの悪循環を断ち切る。
他に頼ること。

③ 医療の常識から大きくイツダツする。
決まった枠から外れること。

④ 信頼回復のためにエイイ努力する。
一心に励むこと。

⑤ 食欲がオウセイで、すくすく成長する。
非常にさかんなこと。

⑥ カイソウによる医療の格差が生じる。
社会的地位が同程度である人々の構成する集団。

- ⑦ 大地震で町が**カイメツ**的な被害を受ける。（こわれてなくなってしまうこと。）
- ⑧ 訪問先で**カンゲイ**を受ける。（好意をもってむかえること。）
- ⑨ 防犯カメラで**カンシ**する。（悪いことが起こらないように見張ること。）
- ⑩ 健康維持には節制が**カンヨウ**だ。（最もひつようなこと。非常にじゅうようなこと。）
- ⑪ 町の**キカン**産業が発展する。（中心となるもの。）
- ⑫ 生活の**キバン**を整備する。（物事を支えるよりどころ。）
- ⑬ 患者の**キュウジョウ**を救う。（たいへん困ったじょうきょう。）
- ⑭ 病院の不正問題を**キュウダン**する。（罪を問いただして非難すること。）
- ⑮ 不幸な**キョウグウ**をばねにして成功する。（生活していくかんきょうや立場。）
- ⑯ 献身的な看護に**キョウシュク**する。（身がちぢむほどおそれいること。）
- ⑰ 新薬の開発で**ギョウセキ**をあげる。（成し遂げた仕事。）
- ⑱ **キョクタン**な見解を述べる。（はなはだしくかたよっていること。）

- ⑲ 成人式は**ギレイ**の一つである。（形式に従って習慣的に行われる行事。）
- ⑳ 抗生物質は**グウゼン**発見された。（予期しないことが起こること。）
- ㉑ 四輪**クドウ**の車で救援物資を運ぶ。（力を与えて、うごかすこと。）
- ㉒ 負傷事故の**ケイイ**を説明する。（いきさつ。事情。）
- ㉓ **ケイハク**な医療人は信用されない。（考えが浅はかで誠実でないこと。）
- ㉔ 病原菌を**ゲキタイ**する。（こうげきして、しりぞけること。）
- ㉕ 手術の成り行きを**ケネン**する。（不安に思うこと。）
- ㉖ 心臓外科の**ケンイ**が手術を担当する。（ある分野で非常に優れていると認められていること。）
- ㉗ 医療人は**ケンキョ**であるべきだ。（控えめで素直なこと。）
- ㉘ 問題点が次第に**ケンザイ**化してくる。（表面に現れていること。）
- ㉙ インターネットで病名を**ケンサク**する。（文書やデータから必要な情報を探すこと。）
- ㉚ 医療水準は**ケンジ**しなければならない。（かたく守ること。）

◀つづく

㉛ 薬の認定には**ゲンミツ**な審査が必要だ。（細かくきびしいこと。）

㉜ 夢と現実とが**コウサク**する。（入りまじること。）

㉝ ワクチンの開発者の**コウセキ**は大きい。（優れた成果。手柄。）

㉞ 作品の**コウセツ**について論じる。（上手と下手。）

㉟ 体の**コウゾウ**を図解する。（組み立て方。仕組み。）

㊱ 裁判で懸命に**コウベン**する。（相手に逆らって自分の意見を述べること。）

㊲ 世間から注目されて士気が**コウヨウ**する。（精神や気分がたかまること。）

㊳ エネルギー資源の**コカツ**が心配される。（尽き果ててなくなること。）

㊴ 受賞歴を**コジ**する。（ほこらしげにしめすこと。）

㊵ **ササイ**な誤差には目をつぶる。（取るに足りないこと。わずかなこと。）

㊶ レントゲン写真を**サツエイ**する。（写真をとること。）

㊷ 発作を事前に**サッチ**する。（推測して、しること。）

㊸ **ザンコク**な体験がストレス障害を起こす。（むごたらしいこと。）

㊹ 細胞に電気的な**シゲキ**を与える。（外から働きかけて反応を起こさせること。）

㊺ 手術を成功させるのは**シナン**の技だ。（この上なくむずかしいこと。）

㊻ 過去に**シュウチャク**する。（強く心を引かれてとらわれること。）

㊼ 病院設立の**シュシ**を述べる。（ねらい。目的。）

㊽ 新記録達成の**シュンカン**を目撃する。（きわめて短いじかん。）

㊾ 強く願うと希望は**ジョウジュ**するものだ。（願いがかなうこと。）

㊿ 高熱で目の**ショウテン**が定まらない。（光線が集中するてん。中心となるてん。）

51 介護施設の建設用地を**ジョウト**する。（ゆずりわたすこと。）

52 健康のためスポーツを**ショウレイ**する。（高く評価してすすめること。）

53 先輩の熱意に**ショクハツ**される。（影響を与えてやる気を起こさせること。）

54 院長引退のうわさの**シンギ**を確かめる。（本当かうそか。）

□ ㊺ ジンジョウな治療法では完治しない。
あたりまえであること。普通であること。

□ ㊻ 重大な任務をスイコウする。
成しとげること。

□ ㊼ 学校がスイショウする参考書を買う。
よい点をあげて、すすめること。

□ ㊽ 紛争が続いて国力がスイタイする。
おとろえて勢いが弱まること。

□ ㊾ マザー・テレサをスウハイする。
この上ないものとして信頼し敬うこと。

□ ㊿ 薬草を植物ズカンで調べる。
写真や絵を用いながら解説する本。

□ 61 院内をセイケツに保つ。
汚れがなくきれいなこと。

□ 62 セイショク細胞の働きを調べる。
子孫をつくること。

□ 63 セッソウなく上司に取り入る。
信念をかたく守って変えないこと。

□ 64 センザイする自然治癒力を引き出す。
表面には出ず、内にひそんでいること。

□ 65 生活習慣と病気のソウカン関係を調べる。
互いにかかわり合っていること。

□ 66 ゾウキの移植手術を行う。
体内、特に胸部と腹部のきかん。

□ 67 チューブをソウニュウして栄養を送る。
中にさしいれること。

□ 68 検査結果と診断書をタイショウする。
てらし合わせること。

□ 69 過失致死の罪でタイホする。
身柄をとらえて自由を奪うこと。

□ 70 ダンガイ裁判が行われる。
責任を追及すること。

□ 71 診断結果をタンテキに述べる。
はっきりと要点をとらえること。

□ 72 血液からＤＮＡをチュウシュツする。
抜きだすこと。

□ 73 普通の人をチョウエツした記憶力がある。
標準をはるかにこえていること。

□ 74 病院でけがのチリョウを行う。
病気やけがをなおすこと。

□ 75 研究にチンセンする。
深く没頭すること。

□ 76 優れた業績で、他のツイズイを許さない。
おいつくこと。

□ 77 飛行機がツイラクして負傷者が多数出る。
高い所からおちること。

□ 78 一人一人テイネイに手当てする。
注意深くて心が行き届いていること。

◀つづく

☐ ㊾ 誤診の責任をテンカする。
自分の責任や失敗を他人のせいにすること。

☐ ⑧⓪ カルテに患部の画像をテンプする。
つけそえること。

☐ ⑧① トウガイ事件の関係者が集まる。
話題になっているそのもの。

☐ ⑧② アルコールに頼って現実からトウヒする。
さけて、のがれること。

☐ ⑧③ 処置の現場でドウヨウしてはいけない。
気持ちが不安定になること。

☐ ⑧④ 職場のドウリョウと救命講習を受ける。
地位や役目がおなじ仲間。

☐ ⑧⑤ ドジョウ汚染の有無を測定する。
地表にある、つち。

☐ ⑧⑥ 病院の壁をトソウする。
材料の表面にぬったり吹き付けたりすること。

☐ ⑧⑦ 顔を見たトタンに病気だとわかった。
ちょうどそのとき。

☐ ⑧⑧ カウンセラーに本心をトロする。
思っていることを隠さずに述べること。

☐ ⑧⑨ 思い出がノウリによみがえる。
頭の中。

☐ ⑨⓪ ダニが伝染病をバイカイする。
仲立ちをすること。

☐ ⑨① 損害バイショウ保険に加入する。
損害をつぐなうこと。

☐ ⑨② 将来にバクゼンとした不安を感じる。
はっきりしないこと。

☐ ⑨③ 森林のバッサイ作業が行われる。
木を切り出すこと。

☐ ⑨④ 雑草が中庭にハンモしている。
草木が生いしげること。

☐ ⑨⑤ 対応の遅れをヒナンする。
欠点や過失を責めること。

☐ ⑨⑥ とっておきの話をヒロウする。
発表すること。

☐ ⑨⑦ 発作が起こるヒンドを調べる。
同じことが繰り返して起こるどあい。

☐ ⑨⑧ 神経細胞はフクザツな構造をしている。
込み入っていること。

☐ ⑨⑨ 人類フヘンの原理にもとづく。
すべてのものに共通すること。

☐ ⑩⓪ 精神のヘイコウを保つ。
バランスがとれて安定していること。

☐ ⑩① 流行は時代とともにヘンセンするものだ。
移りかわること。

☐ ⑩② 幼い子に自立心のホウガが見られる。
起こり始めること。

103 医療制度の**ホウカイ**が心配される。（くずれること。）

104 医療人の責任を**ホウキ**してはいけない。（投げすてること。）

105 **ホウシュウ**なしで奉仕活動をする。（労働に対して支給される金銭や物。）

106 移植手術の予算が**ボウダイ**にふくらむ。（非常におおきいこと。）

107 人間にはさまざまな**ボンノウ**がある。（苦しみを生み出す精神の働き。）

108 英語の論文を日本語に**ホンヤク**する。（ある言語を別の言語に直して表現すること。）

109 術後の不安は**マイキョ**にいとまがない。（一つ一つ数えあげること。）

110 乾布**マサツ**をして体を鍛える。（こすり合わせること。）

111 名女優の演技が観衆を**ミワク**する。（みりょくでひきつけ、まどわせること。）

112 話の内容に**ムジュン**がある。（つじつまが合わないこと。）

113 **メンミツ**な治療計画を立てる。（非常に細かくて詳しいこと。）

114 目標に向かって**モウゼン**と勉強を始める。（勢いが激しいこと。）

115 あり得ないことを**モウソウ**する。（根拠もなく思い描くこと。）

116 最適な解決策を**モサク**する。（手さぐりで探し求めること。）

117 **モンシン**票に症状を記入する。（医師が患者に病歴や病状を尋ねること。）

118 工場跡地に大学病院を**ユウチ**する。（招き寄せること。）

119 言葉の**ヨイン**を楽しむ。（あとに残る味わい。）

120 **ヨウシャ**ない指導を受ける。（手加減すること。）

121 病状は深刻な**ヨウソウ**を呈していた。（状態。ありさま。）

122 **ヨウリョウ**を得ない話にうんざりする。（大事な点。）

123 王国が**リュウセイ**を極める。（非常に栄えること。）

124 自然界は食物**レンサ**で成り立っている。（つながり合うこと。）

125 現代医療の弱点が**ロテイ**する。（隠れていたものが表面に現れ出ること。）

ケース 6-3

● 書き取り40［音読み］

傍線部の熟語のうち、カタカナを漢字に直して書きなさい。

解答▼別冊 p.8

★★★

- ① 医療チームの活動の**キ跡**をたどる。（たどってきたあと。）
- ② 再発を**回ヒ**するため患部を切除する。（さけて通ること。）
- ③ **グ直**な性格ゆえに損をしている。（正直すぎて適切な対応ができないこと。）
- ④ 高度な医療技術を**カク得**する。（自分のものにすること。）
- ⑤ 健康診断は受けることに**意ギ**がある。（値打ち。価値。）
- ⑥ 塩分を**カ剰**にとるのはよくない。（行きすぎること。多すぎること。）
- ⑦ 疲れると動作が**カン慢**になる。（遅くゆるやかなこと。）
- ⑧ 予防接種が国民に**シン透**する。（広く行きわたること。）
- ⑨ **ケン譲語**を用いて相手を敬う。（自分側を低めて、相手に対する敬意を表す言葉。）
- ⑩ 薬草を**サイ培**する。（植物を育てること。）
- ⑪ 感染の可能性を**示サ**する。（それとなく示すこと。）
- ⑫ 骨折を乗り越えてピアノを**演ソウ**する。（音楽をかなでること。）
- ⑬ 研究論文が**完ペキ**に仕上がる。（欠点がなく、完全なこと。）
- ⑭ 血液が**ギョウ固**する仕組みを調べる。（固体になること。こり固まること。）
- ⑮ 初めての手術に**キン張**する。（張りつめること。）
- ⑯ 新聞に闘病記を**ケイ載**する。（新聞・雑誌などに載せること。）
- ⑰ 本心を告白したい**ショウ動**にかられる。（心をつき動かすこと。）
- ⑱ 待合室に**カン葉**植物を置く。（葉をみて楽しむこと。）
- ⑲ **滑ケイ**な動作をして患者をなごませる。（おもしろおかしいこと。）
- ⑳ 出血した**コン跡**がある。（何かがあったことを示す手がかり。）

㉑ 痛みのもとになる神経を**シャ断**する。
さえぎって断つこと。

㉒ 前任者の方針を**踏シュウ**する。
前のやり方をそのまま受け継ぐこと。

㉓ **フン囲気**に飲まれて実力が出せなかった。
その場の空気。ムード。

㉔ 院長は熊のような**容ボウ**で人気者だ。
顔かたち。

㉕ 受診を勧められたが**アイ昧**な返事をした。
はっきりしないこと。

㉖ **キュウ屈**な姿勢で横たわる。
狭苦しくて身動きがとりにくいこと。

㉗ 現場で実力を**イ憾**なく発揮する。
心残りであること。

㉘ 医療チームを被災地に**派ケン**する。
任務を与えて行かせること。

㉙ これまでの**ガイ念**をくつがえす。
考え方一般。

㉚ 高額な医療費を請求されて**憤ガイ**する。
ひどく腹を立てること。

㉛ 世の中から**カク絶**して研究室にこもる。
大きくへだたっていること。

㉜ 西洋医学と東洋医学が**ユウ合**する。
とけて一つになること。

㉝ **チン腐**な表現でおもしろみがない。
ありふれていて平凡なこと。

㉞ **洗レン**された文章を読む。
ねり上げてよいものにすること。

㉟ 意識障害が起こって記憶を**ソウ失**する。
失うこと。

㊱ **モ服**を着て告別式に参列する。
葬儀などで着る衣装。

㊲ 日本と西洋を**折チュウ**した文化。
二つ以上の物事からよいところをとって合わせること。

㊳ **ビ細**な点まで詳しく説明する。
きわめて細かいこと。

㊴ **ビ妙**な温度調節が必要だ。
細かくて複雑なこと。

㊵ この病気は熱の出方に**特チョウ**がある。
他と異なって目立つしるし。

★㉗から㊵には、形が似ている漢字を集めてある。書き間違えないように注意しよう。

ケース 6-4

★★★

● 書き取り20 ［同音異字］

傍線部の熟語のうち、カタカナを漢字に直して書きなさい。また、その漢字と同じ漢字を用いる熟語を、あとの選択肢の二重傍線部から選び、記号で答えなさい。

解答▼別冊 *p. 9*

☐① 神経が**カ敏**に反応する。（度を超して感じやすいこと。）

ア 世界大戦の**戦カ**をこうむる。
イ ポイントを**通カ**する。
ウ **カ期**講習を受けて勉強する。
エ **カ美**な服装を注意する。

☐② 成功して**カン声**をあげる。（喜びのあまり叫ぶ声。）

ア 新入部員を**カン誘**する。
イ 受験生という**実カン**がない。
ウ **図カン**で名前を調べる。
エ 試合に勝って**カン喜**する。

☐③ 細かいことに**コウ泥**する。（こだわること。）

ア 身柄を**コウ束**する。
イ 外国と盛んに**コウ流**する。
ウ **コウ舎**の掃除を行う。
エ 上級裁判所に**コウ訴**する。

☐④ **危ケン**な場所で活動する。（危ないこと。）

ア 質素**ケン約**の毎日を送る。
イ **ケン悪**な雰囲気だ。
ウ 理科の**実ケン**で確かめる。
エ **真ケン**に課題に取り組む。

☐⑤ 問題点を**指テキ**する。
取り上げて指し示すこと。

ア 冷たい**水テキ**がしたたる。
イ **テキ地**では気を抜けない。
ウ 相手を**テキ当**にあしらう。
エ 癌《がん》の**テキ出**に成功する。

☐⑥ 記憶が**鮮レツ**によみがえる。
あざやかではっきりしていること。

ア 式典に**参レツ**する。
イ 爆弾が**破レツ**する。
ウ 彼は**熱レツ**なファンの一人だ。
エ **レツ悪**な環境で働かされる。

☐⑦ 災害の現場に**遭グウ**する。
思いがけなくめぐり合うこと。

ア 幼なじみに**グウ然**出会う。
イ **待グウ**の改善を要求する。
ウ イソップの**グウ話**はおもしろい。
エ **グウ司**に祈禱《きとう》を頼む。

☐⑧ 顕微鏡の**ソウ作**方法を学ぶ。
あやつって動かすこと。

ア 洗濯物を**乾ソウ**させる。
イ 会社を**ソウ業**して百年になる。
ウ 飛行機を**ソウ縦**する。
エ 部屋の**ソウ除**に取りかかる。

☐⑨ **明リョウ**な方針を打ち出す。
はっきりしていること。

ア 勝敗は一目**リョウ然**だ。
イ 放射線で**治リョウ**する。
ウ **同リョウ**に意見を求める。
エ **社員リョウ**で生活する。

☐⑩ 大自然に**イ敬**の念を抱く。
おそれうやまうこと。

ア 西洋の**イ人伝**を読む。
イ 病院に**イ問**に行く。
ウ 相手を**イ圧**する。
エ 自然を**イ怖**する。

◀つづく

⑪ **エイ利**な刃物で切断する。
刃がするどくてよく切れること。

ア **エイ雄**が現れる。
イ 国が**繁エイ**する。
ウ タイトルを**防エイ**する。
エ **精エイ**部隊を送り込む。

⑫ 腹部の痛みを**我マン**する。
耐え忍ぶこと。

ア **マン画**を読む。
イ **肥マン**を解消する。
ウ **マン年筆**を使う。
エ **マン心**を戒める。

⑬ 病態をよく**カン察**する。
注意深く見ること。

ア 客を**カン迎**する。
イ **カン隊**が派遣される。
ウ 映画を**カン賞**する。
エ **カン客**の評判がよい。

⑭ 震災の**ギ牲**となる。
災害などで被害を受けること。

ア **ギ理**を果たすことが大切だ。
イ 大切な**ギ式**が行われる。
ウ **会ギ**の進行を任される。
エ **ギ打**で試合の決着がつく。

⑮ 生活の**キ盤**を整備する。
物事を支えるよりどころ。

ア **キ族**になった気分を味わう。
イ **キ地**を設営する。
ウ 人生の**分キ点**に立つ。
エ 最後まで**キ望**を捨てない。

⑯ 人員を**サク減**する。
けずって減らすこと。

ア 近年にない**傑サク**が出版される。
イ **サク引**で語句の掲載ページを調べる。
ウ いろいろな思いが**交サク**する。
エ 作文を**添サク**してもらう。

⑰ 事態が**フン糾**する。
もつれて乱れること。

ア **フン末**の薬を飲む。
イ 大いに**フン起**してがんばる。
ウ 鍵を**フン失**する。
エ 火山が**フン火**する。

⑱ 相手を**ヘン見**の目で見てはならない。
かたよった見方。

ア それは人類**普ヘン**のテーマだ。
イ 人気作の**続ヘン**が出版される。
ウ **ヘン狭**な考え方をする。
エ メールの**ヘン信**を待つ。

---

⑲ **ケン著**な特徴を示す。
きわだって目につくこと。

ア 軍事力を**ケン示**する。
イ **ケン庁**所在地を調べる。
ウ 長年の**ケン案**が解決する。
エ 先生は心臓外科の**ケン威**だ。

⑳ 野生動物を**捕カク**する。
捕らえること。

ア **カク膜**の移植手術を行う。
イ 小麦を**収カク**する。
ウ **自カク**症状がない。
エ **乱カク**により絶滅の危機が生じる。

ケース 6-5

★★★

● 書き取り40 ［音読み／看護医療系の語］

傍線部のカタカナを漢字に直して書きなさい。

解答▼別冊 p.10

☑ ① 風邪をひいて喉が**エンショウ**を起こす。（刺激を受けて、はれや痛みなどが起こること。）

☑ ② **エンメイ**措置を断り、自然死を希望する。（いのちをのばすこと。）

☑ ③ 担当医が**カイシン**する。（病室をまわって患者の様子をみること。）

☑ ④ **カイフク**手術を行う。（はらを切りひらくこと。）

☑ ⑤ **カイボウ**して臓器の働きを調べる。（生物の体を切り開いて調べること。）

☑ ⑥ 伝染病の患者を**カクリ**する。（へだてて、はなすこと。）

☑ ⑦ インフルエンザに**カンセン**する。（病原体が体内に入ること。）

☑ ⑧ 癌《がん》患者が**カンワ**ケアを受ける。（苦痛をやわらげること。）

☑ ⑨ 空気が**キカン**を通って肺に送られる。（喉の下部から肺に通じるくだ。）

☑ ⑩ **キュウキュウ**患者を病院に搬送する。（いそぎの手当てを施すこと。）

☑ ⑪ 歯並びを**キョウセイ**する。（ただしい状態に改めること。）

☑ ⑫ **ゲネツザイ**を処方する。（高くなった体温を下げる薬。）

☑ ⑬ 一時間ごとに**ケンオン**して記録する。（たいおんを計ること。）

☑ ⑭ **ケンビキョウ**で細かく調べる。（非常に小さな物を拡大して見る装置。）

☑ ⑮ 薬の**コウヨウ**があった。（ききめ。）

☑ ⑯ **コツズイ**バンクにドナー登録する。（ほねの内部で造血を行う組織。）

☑ ⑰ 日本人の死因で上位の**シッペイ**は癌だ。（びょうき。）

☑ ⑱ 患者が**ジュウトク**な症状に陥る。（病状が非常におもいこと。）

☑ ⑲ 医師が患者を**シンサツ**する。（医師が患者の異常を把握するために体を調べること。）

☑ ⑳ **ジンゾウ**の働きで老廃物が体外に出る。（尿を生成して排出する器官。）

㉑ ランニング後に**シンパク**数を測定する。
しんぞうの周期的な動き。

㉒ **ゼッカジョウ**が処方される。
口の中で溶かして吸収させる薬。

㉓ インフルエンザの予防**セッシュ**を受ける。
菌などを体に移植すること。

㉔ 栄養を**セッシュ**して元気を取り戻す。
とり入れて自分のものにすること。

㉕ **ゼンチ**三週間のけがで入院する。
かんぜんになおること。

㉖ 人工呼吸で**ソセイ**させる。
息を吹き返すこと。

㉗ 足首の靱帯《じんたい》を**ソンショウ**する。
そこなわれて、きずつくこと。

㉘ **タイショウ**療法として咳《せき》止めを与える。
しょうじょうに合わせて表面的に処置すること。

㉙ **チッソク**して命を失う。
呼吸ができなくなること。

㉚ ノロウイルス流行の**チョウコウ**がある。
きざし。気配。

㉛ 腫瘍を**テキシュツ**する。
取りだすこと。

㉜ **テンテキ**で栄養を補給する。
血液や薬液を少量ずつ静脈内に注入すること。

㉝ 栄養剤を**トウヨ**する。
薬をあたえること。

㉞ **ヒフ**が炎症を起こす。
身体の表面を覆っている組織。

㉟ 小児**ビョウトウ**を見舞う。
びょう室がある建物。

㊱ 手術前に**マスイ**をかける。
一時的に知覚を失わせること。

㊲ **マッショウ**血管の流れが悪い。
物のはし。

㊳ 予防注射を実施して**メンエキ**をつける。
病原体に感染すると、以後は抵抗性を持つこと。

㊴ 伝染病に**リカン**する。
病気にかかること。

㊵ 医学生が病院で**リンショウ**実習を行う。
実際に患者に接して診察・治療すること。

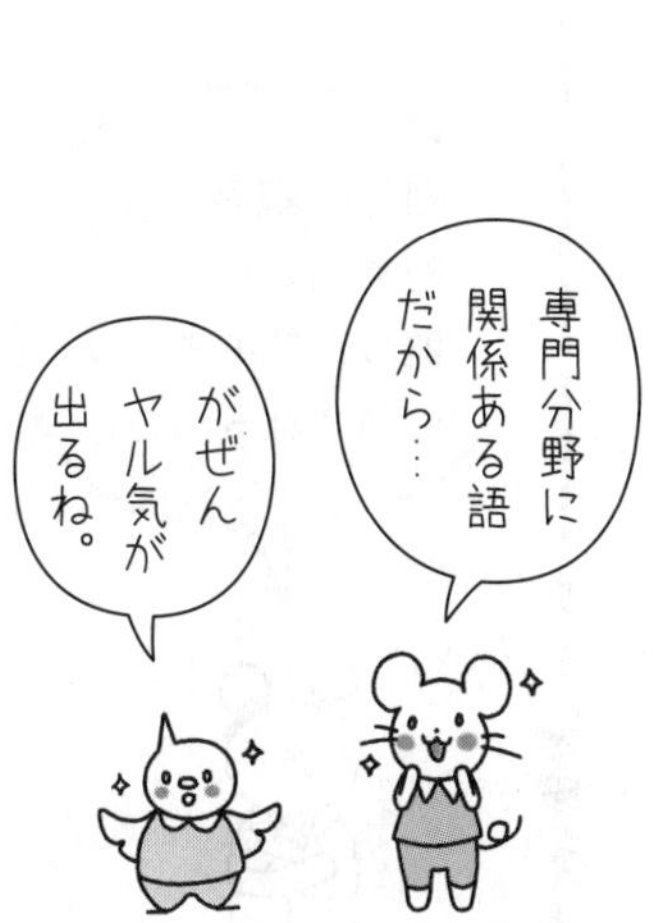
専門分野に関係ある語だから…
がぜんヤル気が出るね。

item 7

熟語の読み方

ケース 7-1

● 読み方50［音読み］

傍線部の漢字の読み方をひらがなで書きなさい。

解答▼別冊 *p.* 11

★★★★★

① 病後の心境を述懐する。
心の中の思いを述べること。

② 罹災した人々の健康状態を調べる。
災害を受けること。

③ 恣意的に判断してはいけない。
自分勝手な考え。

④ 昏睡の状態が長く続く。
意識を失って眠ること。

⑤ 人前で転倒し、醜態をさらす。
みっともない恥ずべき様子。

⑥ 莫大な財産を医療活動に寄付する。
程度や数量がきわめて大きいこと。

⑦ 心身ともに疲弊する。
疲れて弱ること。

⑧ 辞典の凡例を読む。
書物の初めにあって、編集方針や用語の使用法などを記した部分。

⑨ うつろな目で虚空を見つめる。
何もない広がり。

⑩ 小論文を何度も推敲する。
文章をよりよいものにするために練り直すこと。

⑪ 猫は優れた平衡感覚を持っている。
バランスがとれていること。

⑫ 病人の嗜好に合わせて味付けをする。
好んでたしなむこと。

⑬ 切開した患部を縫合する。
縫い合わせること。

⑭ 瞑想して心を落ち着かせる。
目を閉じて静かに思いめぐらせること。

熟語の読み方も
超頻出。
難しい読み方だって
出題されるのだ。

⑮ **出納**の記録をパソコンで管理する。（金銭や物品を出し入れすること。）

⑯ 枕元に**骨董**の花器を飾る。（古道具や古美術品。）

⑰ 将来を**嘱望**されて、研修に励む。（将来に望みをかけること。）

⑱ 研究の成功を**羨望**のまなざしで見る。（うらやましく思うこと。）

⑲ 技術が進歩し、医療環境も**変貌**した。（姿や様子が変わること。）

⑳ 大仏殿《だいぶつでん》を**建立**する。（寺院や堂塔を建てること。）

㉑ **偏狭**な性格で、つき合いにくい。（かたよった狭い考え方にとらわれること。）

㉒ 他人の失敗を**嘲笑**してはならない。（あざけって笑うこと。）

㉓ 自慢話を**吹聴**して歩く。（言いふらすこと。）

㉔ しょせん**凡庸**な技量しかない。（優れた点がなくありきたりなこと。）

㉕ 犯人に**憎悪**の念を抱く。（憎み嫌うこと。）

㉖ 顧客満足度で他社の薬を**凌駕**する。（他をおさえて上に出ること。）

㉗ **舌禍**を招いて退任に追い込まれる。（発言したことにもとづいて受けるわざわい。）

㉘ 栄養剤を**廉価**で販売する。（値段が安いこと。）

㉙ **典雅**な音楽が流れる。（整っていて上品なこと。）

㉚ 結果を知って**驚愕**する。（非常に驚くこと。）

㉛ 勤務態度が悪くて医局を**放逐**される。（追い払うこと。）

㉜ **解毒**作用のある薬草を使う。（体内の毒物の作用をなくすこと。）

㉝ 生まれたての赤ん坊は純真で**無垢**だ。（けがれがなく清らかなこと。）

㉞ 祖父の**末期**は大往生であった。（一生の終わり。）

㉟ 不正な請求を**教唆**する。（教えそそのかすこと。）

㊱ **真摯**な態度で患者に接する。（まじめでひたむきなこと。）

㊲ **暫時**の休憩をとる。（しばらくの間。）

㊳ 食あたりで**嘔吐**する。（食べた物をもどすこと。）

◀つづく

☐ ㊴ **刹那**の快楽を求める。
きわめて短い時間。瞬間。

☐ ㊵ 民間療法が**伝播**する。
伝わり広まること。

☐ ㊶ 病院の庭に雑草が**繁茂**する。
草木が生い茂ること。

☐ ㊷ 役所に**婚姻**届を出す。
夫婦となること。

☐ ㊸ 風邪をひいて**悪寒**がする。
ぞくぞくする寒け。

☐ ㊹ 寺院の中に**荘厳**な空気が漂う。
重々しくておごそかなこと。

☐ ㊺ **渾身**の力をふりしぼって立ち上がる。
からだ全体。

☐ ㊻ 病院での仕事を**斡旋**する。
紹介すること。

☐ ㊼ 最新の医療機器は**垂涎**の的だ。
非常に強く欲しがること。

☐ ㊽ 離島の診療所に**赴任**する。
仕事をする場所へ行くこと。

☐ ㊾ 大雨で河川が**氾濫**する。
水が勢いよくあふれ出ること。

☐ ㊿ **可憐**な子どもが涙をこらえている。
いじらしくてかわいいこと。

★漢字の読み方の問題では、ふだん「国語」で学習する文章に出てこないような、見慣れない語の読み方もけっこう出題される。
★*item* 7の音読みの熟語の読み方と、*item* 8の訓読みの語の読み方を、意味とともにしっかりチェックしておこう。

ケース 7-2

●読み方20［音読み］

傍線部の漢字の読み方をひらがなで書きなさい。

★★★★ 解答▼別冊 *p.* 12

① 保険の**埒外**なので費用は自己負担だ。
範囲の外。

② 医療の細分化は時代の**趨勢**だ。
全体の流れ。成り行き。

③ 代議士が全国を**遊説**する。
政治家が各地を演説して回ること。

④ 友人の入院を知って**狼狽**する。
あわてふためくこと。

⑤ この**界隈**では名医として通っている。
そのあたり一帯。付近。

⑥ 医療制度改革を**俎上**にあげる。
まな板の上。（「食材＝論じる題材」のたとえ）

⑦ **贅沢**せず質素な食事をとるのがよい。
金銭や物などを過度に使うこと。

⑧ 患者が**重篤**な状態に陥る。
病状が非常に重いこと。

⑨ **意固地**になって病院に行かない。
つまらないことに意地を張ること。

⑩ 手術のことを考えると**憂鬱**になる。
気持ちがふさいでうっとうしいこと。

⑪ **虚血**によって発作が起こる。
血流が減少した状態。

⑫ 発熱中の温泉入浴を**忌避**する。
嫌って避けること。

⑬ 人格を**陶冶**する。
性質や能力をきたえて練り上げること。

⑭ 世相を**揶揄**するコラムを読む。
からかうこと。

⑮ 全快を祝って**饗宴**を開く。
もてなすための酒盛り。

⑯ ショックの**余燼**がくすぶっている。
物事が片付いたあとに残る影響。

⑰ DNAは二重**螺旋**構造をしている。
巻き貝のからのように巻いていること。

⑱ **鬱憤**を晴らすと気分がすっきりする。
積もり積もった恨み。

⑲ 豪華**絢爛**な結婚式を挙げる。
きらびやかで美しいさま。

⑳ 担当医は**清廉**な人柄で好感が持てる。
心が清らかで私欲のないこと。

item 8

訓読み漢字の書き取り・読み方

なじみのない漢字も
あるけれど、
ひとつひとつ
落ち着いていこう！

ケース 8-1

●書き取り60［訓読み］

傍線部のカタカナを漢字に直して書きなさい。

★★★★★

解答▼別冊 *p.* 13

① 受験勉強のため、旅行をアキラめる。
望みを捨てて思い切る。断念する。

② アミの目をくぐって悪事をはたらく。
捕らえるために張りめぐらしたもの。

③ 看護医療系入試必勝本をアラワす。
書いて出版する。

④ 遅刻しそうになってアワてる。
落ち着きを失う。

⑤ イクニンもの先駆者が医学を進歩させた。
なんにん。

⑥ イサギヨく誤りを認めて謝罪する。
思い切りよく。すっきりと。

⑦ 現代医学のイシズエを築く。
土台。きそ。

⑧ 親友の死をイタむ。
人の死を悲しむ。

⑨ 薬のイチジルしい効果が現れる。
程度がはなはだしい。

⑩ 不規則な生活をイマシめる。
間違いをしないように注意を与える。

⑪ 先生の指摘をウケタマワる。
つつしんで聞く。

⑫ ウズを巻くようなめまいを感じる。
勢いよく回転している状態。

⑬ 年に一度の受診をウナガす。
そうするように勧める。

⑭ 冷たい水で喉をウルオす。
湿りを与える。

⑮ **ウレ**いを帯びた顔で結果を待つ。
もの悲しい感じ。心配。不安。

⑯ 危険を**オカ**す。
困難や危険を乗り越えて行動する。

⑰ 病室の清掃を**オコタ**る。
すべきことをなまける。

⑱ 免疫を**オサ**える薬を処方する。
活動させないようにする。

⑲ 苦しい立場に**オトシイ**れる。
だまして困難に追い込む。

⑳ A病院の手術設備はB病院より**オト**る。
他より程度が低い。

㉑ 山の**オネ**を歩く。
山頂と山頂を結ぶ線。

㉒ 病魔が平穏な生活を**オビヤ**かす。
危険にさらす。

㉓ 本館の**カタワ**らに別館を建てる。
わき。そば。

㉔ 療養中、音楽は心の**カテ**であった。
活力の源。

㉕ 不注意な発言が物議を**カモ**す。
ある状態をつくりだす。

㉖ 心身を**キタ**える。
訓練や努力を積んで、技術や心身をしっかりとしたものにする。

㉗ 鋭い**キバ**で噛《か》まれて出血する。
動物の大きく鋭い歯。

㉘ **クチビル**にクリームを塗る。
口のまわりの器官。

㉙ 台風で損害を**コウム**る。
身に受ける。

㉚ 遠くを見ようと目を**コ**らす。
一つのことに集中させる。

㉛ 友人を献血に**サソ**う。
一緒に行動するように勧める。

㉜ 薬害訴訟を**サバ**く。
さいばんをする。

㉝ 病原菌の侵入を**サマタ**げる。
じゃまをする。

㉞ 薬草風呂の風習が**スタ**れる。
行われなくなる。

㉟ 空気中に花粉が**タダヨ**う。
浮かんで揺れ動く。

㊱ 尼になって罪を**ツグナ**う。
埋め合わせをする。弁しょうする。

㊲ 白衣のほころびを**ツクロ**う。
破れたところや壊れたところを直す。

㊳ 夜勤に備えて体力を**ツチカ**う。
養い育てる。

◀つづく

☐ ㊴ 暴飲暴食をツツシむ。　ひかえめにする。

☐ ㊵ 事務員をツノる。　呼びかけて集める。

☐ ㊶ 不満をツブヤく。　小さな声でひとりごとを言う。

☐ ㊷ ツルギを持って舞を演じる。　刃のある武具の一種。おもに突くのに用いる。

☐ ㊸ 目的をついにトげる。　果たす。

☐ ㊹ 経験者の言葉が聞き手の心をトラえる。　つかまえる。

☐ ㊺ 孤独な患者をナグサめる。　いたわってなごませる。

☐ ㊻ 同僚の活躍をネタむ。　うらやんで憎む。

☐ ㊼ 奉仕の心をハグクむ。　養いそだてる。

☐ ㊽ 患者をハゲます。　力づける。

☐ ㊾ 専門的な説明はハブく。　取り除く。

☐ ㊿ 一芸にヒイでる。　他より特に優れる。

☐ (51) 体内にウイルスがヒソむ。　ひそかに隠れる。

☐ (52) 態度をヒルガエす。　急に変える。

☐ (53) 緊急医療をホドコす。　恵み与える。

☐ (54) インフルエンザの感染をマヌガれる。　好ましくないことから逃れる。

☐ (55) 権力をめぐってミニクい争いをする。　見苦しい。不快な感じがする。

☐ (56) シンポジウムをモヨオす。　行事を計画して行う。

☐ (57) 苦痛で顔がユガむ。　形が正常でなくなる。

☐ (58) お年寄りに席をユズる。　自分のものを他人に与える。

☐ (59) 最終判断を医師にユダねる。　任せる。

☐ (60) 老後の暮らしをワズラう。　思い悩む。

ケース 8-2

● 読み方60 ［訓読み］

傍線部の漢字の読み方をひらがなで書きなさい。

解答▼別冊 p.14

☐ ① 患者のために**敢**えて厳しく忠告する。　わざわざ。無理に。

☐ ② 若くして**逝**く。　死ぬ。

☐ ③ 心の傷を**癒**やす。　苦痛をやわらげる。

☐ ④ 重態に**陥**る。　よくない状態にはまりこむ。

☐ ⑤ 常識を**覆**す研究結果が出る。　ひっくり返す。それまでのことを全面的に改める。

☐ ⑥ 治療方針を**翻**す。　急に変える。

☐ ⑦ **梢**に花が咲いている。　樹木の先の部分。

☐ ⑧ 博士の研究が免疫学の**礎**となった。　土台。きそ。

☐ ⑨ 悪いうわさが不安を**煽**る。　刺激して勢いをつける。

☐ ⑩ 弱い者いじめに激しい**憤**りを感じる。　怒り。腹立ち。

☐ ⑪ 水のしずくはいつしか岩をも**穿**つ。　穴をあける。

☐ ⑫ 愛校心を**培**う。　養い育てる。

☐ ⑬ 病名を偽るのは気が**咎**める。　心が痛む。

☐ ⑭ 誰もが死を**免**れることはできない。　好ましくないことから逃れる。

☐ ⑮ 授業をさぼるように**唆**す。　悪いほうへ誘う。仕向ける。

☐ ⑯ 不審な行動を**訝**る。　疑わしく思う。

☐ ⑰ 必死になって病気に**抗**う。　逆らう。抵抗する。

☐ ⑱ **頻**りにナースコールが鳴る。　たびたび。

☐ ⑲ 新しい**産着**を用意する。　生まれて間もない子どもに着せる服。

☐ ⑳ **懇**ろな看護を心がける。　心がこもっている。

◀つづく

□㉑ 上司の過ちを**諌**める。
過ちや欠点を改めるように忠告する。

□㉒ 闘病中の友人を**慰**める。
いたわってなごませる。

□㉓ **些**か顔色がよくない。
ほんの少し。いくらか。

□㉔ 手みやげを**携**える。
身につけて持つ。

□㉕ 院長はよく**諺**を引用して話す。
昔から言い伝えられてきた、教訓や風刺などを含んだ短い言葉。

□㉖ 病床の父に**河岸**で魚を買って帰る。
川の岸に立つ市場。特に魚市場。

□㉗ **僅**かな量を飲むだけで効き目がある。
ほんの少し。

□㉘ 洗面所でひげを**剃**る。
かみそりなどで髪やひげを根元から切る。

□㉙ 病室の様子をこっそり**覗**く。
すきまや穴から見る。

□㉚ **瞬**く間に熱が下がる。
まばたきをする。

□㉛ 回復が遅くて**苛立**ちを覚える。
いらいらする気持ち。

□㉜ 療養所への道を**辿**る。
道を探りながら進む。

□㉝ 睡眠不足を**侮**ると病気につながる。
軽く見てばかにする。

□㉞ リハビリの一環として楽器を**奏**でる。
演奏する。

□㉟ 重い責任を**担**う。
身に引き受ける。

□㊱ 努力を重ねたが**虚**しい結果となる。
かいがない。役に立たない。

□㊲ 缶詰で飢えを**凌**ぐ。
困難を乗り越える。

□㊳ 政界との癒着を**暴**く。
秘密や欠点を探して明るみに出す。

□㊴ 病気に対する誤解も**甚**だしい。
程度を超えている。

□㊵ 術後の経過が**芳**しくない。
好ましい。望ましい。

□㊶ 酒に**溺**れる生活から脱け出したい。
心を奪われて夢中になる。

□㊷ 病気の発端は三年前に**遡**る。
過去に戻る。

□㊸ 苦しさにその場に**蹲**る。
体を丸くしてしゃがむ。

□㊹ 糸を**紡**ぐ手作業はリハビリになる。
繊維を引き出して糸にする。

☐ ㊺ 戯れにエッセイを書く。 遊び。ふざけること。

☐ ㊻ とっさにいい考えが閃く。 瞬間的に思い浮かぶ。

☐ ㊼ ふくらはぎを揉む。 手でつまんだり、こすったりして、力を加える。

☐ ㊽ 毎日ウォーキングをして痩せる。 肉が落ちて体が細くなる。

☐ ㊾ 恭しい態度で礼を述べる。 丁寧で礼儀正しい。

☐ ㊿ 感謝の気持ちを呟く。 小さな声でひとりごとを言う。

☐ 51 元気な人が羨ましい。 自分もそうなりたい。ねたましい。

☐ 52 潔く責任をとる。 思い切りよく。すっきりと。

☐ 53 今日は殊更外来患者が多かった。 とりわけ。格別。

☐ 54 前例に倣う。 手本としてまねをする。

☐ 55 矛盾を孕む。 中に含み持つ。

☐ 56 埃を吸ってせき込む。 粉のように細かいごみ。

☐ 57 熱で瞳が潤む。 湿りを帯びる。

☐ 58 注射器を見て怯む。 身がすくむ。おじけづく。

☐ 59 退院して爽やかな朝を迎える。 すがすがしくて気持ちがよい。

☐ 60 道の傍らに硬貨が落ちている。 わき。そば。

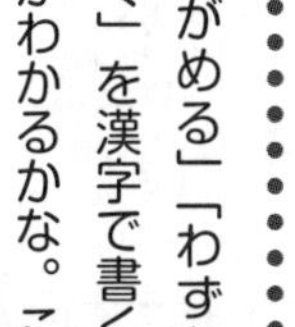

★「とがめる」「わずか」「ひらめく」を漢字で書くとどうなるかわかるかな。このように、ふだんはひらがな書きにすることの多い語が漢字で出題され、読み方を問われることがある。

★漢字一字をひらがなに直すと三字以上になる、というように、読みがなの字数が多い語もねらわれやすい。⑤⑥⑧⑩⑮㉕㊷㊸㊾52はひらがな四字だよ。

item 9

同音・同訓の漢字

意味の違いをおさえて
漢字を使い分けることが
たいせつ。
意味は別冊にあるから、
きちんと確認してね。
はい！

ケース9-1

● 書き取り180［同音異義語］
傍線部のカタカナを漢字に直して書きなさい。

解答▼別冊 p.16

★★★

① 勉強してみたらイガイにおもしろかった。
② 関係者イガイは立ち入り禁止だ。
③ 大学進学のイシが強い。
④ 本人のイシに任せる。
⑤ 亡父のイシを受け継ぐ。
⑥ イショウをこらして庭園を造る。
⑦ 派手なイショウで着飾る。
⑧ イゼンとして古い体制が続いている。
⑨ 常識イゼンの問題だ。
⑩ 人事イドウで所属する部署が変わる。
⑪ 訳者による訳し方のイドウを調べる。
⑫ 渡り鳥ははるか遠くへイドウする。
⑬ 学生チャンピオンのエイイにつく。
⑭ 日々のエイイの結果、工夫が生まれる。

□ ⑮ 激しい議論のオウシュウが続く。

□ ⑯ 証拠品をオウシュウする。

□ ⑰ 当時の出来事をカイコする。

□ ⑱ 業績悪化のため社員をカイコする。

□ ⑲ カイコ趣味の映画がはやる。

□ ⑳ すっかりカイシンして出直す。

□ ㉑ カイシンの笑みを浮かべる。

□ ㉒ 模範カイトウを参考に勉強する。

□ ㉓ 質問状にカイトウを出す。

□ ㉔ 参加者の注意をカンキする。

□ ㉕ 当選の知らせにカンキする。

□ ㉖ 窓を開けて部屋をカンキする。

□ ㉗ 病人を手厚くカイホウする。

□ ㉘ 人質をカイホウする。

□ ㉙ 祖父の病気がカイホウに向かう。

□ ㉚ 校庭を地域の人々にカイホウする。

□ ㉛ 事件のカクシンに迫る。

□ ㉜ 必ず成功するとカクシンしている。

□ ㉝ コンクールで感想文がカサクに選ばれる。

□ ㉞ カサクな作家が五年ぶりに本を出した。

□ ㉟ 教育カテイを見直す。

□ ㊱ 進化のカテイを追う。

□ ㊲ カンカできない重大事だ。

□ ㊳ 兄にカンカされて教師になろうと決めた。

◀つづく

☐ ㊴ カンゲンに惑わされる。

☐ ㊵ 利益を社会にカンゲンする。

☐ ㊶ 失敗とは、カンゲンすれば、成功のもとだ。

☐ ㊷ 外国の政治にカンショウする。

☐ ㊸ 秋の風景を見てカンショウにひたる。

☐ ㊹ カンショウ材を使ってビンを箱詰めする。

☐ ㊺ 名画座で映画をカンショウする。

☐ ㊻ 瞑想《めいそう》して物事の本質をカンショウする。

☐ ㊼ 公園で桜の花をカンショウする。

☐ ㊽ 温暖なキコウで暮らしやすい。

☐ ㊾ 行政キコウを改革する。

☐ ㊿ ヨーロッパの旅をキコウにつづる。

☐ 51 芸の奥義をカントクする。

☐ 52 工事現場をカントクする。

☐ 53 カンヨウな心で接する。

☐ 54 経営トップの決断がカンヨウである。

☐ 55 キセイを緩和する。

☐ 56 キセイ服を売る。

☐ 57 キセイの概念をひっくり返す。

☐ 58 夏休みにキセイする。

☐ 59 作家が歩んできたキセキをたどる。

☐ 60 崖から落ちて傷一つないとはキセキだ。

☐ 61 キチに富んだ発想をする。

☐ 62 二人はキチの間柄だ。

㊸ 消化**キカン**に異常が見つかる。

㊹ 戦場から**キカン**する。

㊺ 報道**キカン**に対して会見を行う。

㊻ 会社の**キカン**部門を強化する。

㊼ **キカン**が炎症を起こして、せきが出る。

㊽ **キテン**を利かせて不意の来客に対応する。

㊾ 東京を**キテン**として徒歩の旅に出かける。

㊿ 罪の意識が**キハク**だった。

(71) **キハク**に満ちた演説を聴く。

(72) **キョウコウ**が起こり、経済が麻痺《まひ》する。

(73) **キョウコウ**な姿勢をとる。

(74) 短期間の**キョウコウ**日程を組む。

(75) テロの**キョウイ**におびえる。

(76) 宇宙の**キョウイ**に感動する。

(77) 書道を**キョウジュ**する。

(78) 豊かな生活を**キョウジュ**する。

(79) 健康保険証を**ケイタイ**する。

(80) 国家の**ケイタイ**はさまざまだ。

(81) **ケイチョウ**費を支出する。

(82) **ケイチョウ**に値する意見だ。

(83) 物事の**ケイチョウ**を判断する。

(84) 自説を**ケンジ**して譲らない。

(85) **ケンジ**が容疑者を取り調べる。

(86) 自己**ケンジ**欲が強い。

◀つづく

☐ ⑧⑦ 故郷の良き伝統をケイショウする。

☐ ⑧⑧ 現代社会にケイショウを鳴らす。

☐ ⑧⑨ ケイショウ地を訪ねる。

☐ ⑨⓪ 事故にあったが、ケイショウですんだ。

☐ ⑨① 問題点をケントウする。

☐ ⑨② 選手のケントウをたたえる。

☐ ⑨③ まったくケントウがつかない。

☐ ⑨④ 券売機にコウカを投入する。

☐ ⑨⑤ 態度をコウカさせる。

☐ ⑨⑥ コウカな食材を購入する。

☐ ⑨⑦ ソフトの定期的なコウシンが必要だ。

☐ ⑨⑧ 相手の船とコウシンする。

☐ ⑨⑨ 看護学のコウギを聴く。

☐ ⑩⓪ 実情に即してコウギに解釈する。

☐ ⑩① 増税にコウギしてデモを行う。

☐ ⑩② 趣味がコウショウすぎてついていけない。

☐ ⑩③ 映画の時代コウショウを行う。

☐ ⑩④ 値引きについてコウショウする。

☐ ⑩⑤ コウショウされてきた昔話を集める。

☐ ⑩⑥ 顔面をコウチョウさせる。

☐ ⑩⑦ コウチョウなチームの成績にほっとする。

☐ ⑩⑧ 宿泊地までは車で約五時間のコウテイだ。

☐ ⑩⑨ 作業のコウテイを見直す。

☐ ⑪⓪ 相手の意見をコウテイする。

☐ ⑪ **コウセイ**に伝えたい文化がある。

☐ ⑫ 犯罪者が**コウセイ**して社会復帰する。

☐ ⑬ 福利**コウセイ**を充実させる。

☐ ⑭ 敵地に**コウセイ**をかける。

☐ ⑮ 財力を**コジ**する。

☐ ⑯ 自説を**コジ**して譲らない。

☐ ⑰ 立候補の要請を**コジ**する。

☐ ⑱ **サンセイ**権は基本的人権の一つである。

☐ ⑲ 新しい法案に**サンセイ**する。

☐ ⑳ 彼が引退することは**シュウチ**の事実だ。

☐ ㉑ **シュウチ**を集めて解決策を考える。

☐ ㉒ 自分の不器用さに**シュウチ**を感じる。

☐ ㉓ **シュウセイ**忘れられない恩を受ける。

☐ ㉔ 早起きが**シュウセイ**となる。

☐ ㉕ **ショウガイ**を乗り越えて結婚する。

☐ ㉖ **ショウガイ**事件を起こしてしまう。

☐ ㉗ 会社で**ショウガイ**の仕事を担当する。

☐ ㉘ **ショウガイ**の思い出になる。

☐ ㉙ うまくいかず、**ショウソウ**に駆られる。

☐ ㉚ 最終決定を下すには時期**ショウソウ**だ。

☐ ㉛ 地場産業の**シンコウ**を図る。

☐ ㉜ 互いの**シンコウ**を深める。

☐ ㉝ **シンコウ**勢力が台頭する。

☐ ㉞ お地蔵様を**シンコウ**する。

つづく▶

☐135 シンキな趣向で家を建てる。
☐136 シンキ一転してがんばる。
☐137 店をシンキに始める。
☐138 背広をシンチョウする。
☐139 シンチョウに言葉を選んで話す。
☐140 意味シンチョウな発言をする。
☐141 シンチョウが急に伸びる。
☐142 ロケットの打ち上げにセイコウする。
☐143 セイコウな細工をほどこす。
☐144 条約違反の国にセイサイを加える。
☐145 ひときわセイサイを放つ活躍ぶりだ。

☐146 製品を工場で大量にセイサンする。
☐147 過去をセイサンしてゼロから出直す。
☐148 交通費をセイサンする。
☐149 事業拡大にはセイサンがある。
☐150 若者をタイショウとした雑誌を発行する。
☐151 二つの実験結果をタイショウする。
☐152 左右タイショウの図形を描く。
☐153 風邪薬はタイショウ療法にすぎない。
☐154 選挙のタイセイが判明する。
☐155 経営タイセイが破綻をきたす。
☐156 大会開催中は特別警備タイセイをしく。
☐157 不利なタイセイから技をしかけられる。

☐ ⑱ 自社の利潤をツイキュウする。

☐ ⑲ 経営責任をツイキュウする。

☐ ⑳ 人生の本質をツイキュウする。

☐ ⑯ テキセイな価格で販売する。

☐ 162 公務員としてのテキセイに欠ける。

☐ 163 テキカクに判断する。

☐ 164 キャプテンとしてテキカクな人物だ。

☐ 165 不誠実な態度をヒナンする。

☐ 166 洪水の危険があるため高台へヒナンする。

☐ 167 フジュンな動機から参加してしまった。

☐ 168 フジュンな天候が続く。

☐ 169 フシンな人物がいないか確認する。

☐ 170 新しい家をフシンする。

☐ 171 問題解決のためにフシンする。

☐ 172 業績フシンの店舗を整理する。

☐ 173 政治家にフシンの念を抱く。

☐ 174 品質をホショウする。

☐ 175 表現の自由をホショウする。

☐ 176 損害に対してホショウを要求する。

☐ 177 選手登録をマッショウする。

☐ 178 マッショウにとらわれて本質を見失う。

☐ 179 先生の教えを心にメイキする。

☐ 180 参加者名をメイキのうえ、申し込む。

ケース 9-2

● 書き取り90 ［同訓異義語］

傍線部のカタカナを漢字に直して書きなさい。

解答▼別冊 p.19

★★★

① 君とは意見がアう。

② 初めての相手とアう。

③ とんでもない災難にアう。

④ ドアをアける。

⑤ 外出して家をアける。

⑥ 夜がアける。

⑦ アツいお茶を飲む。

⑧ 閉めきった部屋の中はとてもアツい。

⑨ アツい壁が立ちふさがる。

⑩ 遅刻したことを上司にアヤマる。

⑪ うっかりしていて手順をアヤマる。

⑫ 日に焼けて本がイタむ。

⑬ 気の毒に思って心がイタむ。

⑭ 早世をイタむ。

⑮ 親の敵《かたき》をウつ。

⑯ ライフル銃をウつ。

⑰ バットでボールをウつ。

⑱ 住まいを隣町へウツす。

⑲ 本に載っている図をノートにウツす。

⑳ スクリーンにスライドをウツす。

☐㉑ 罪を**オカ**す。

☐㉒ 危険を**オカ**す。

☐㉓ 人権を**オカ**す。

☐㉔ 国を**オサ**める。

☐㉕ 成功を**オサ**める。

☐㉖ 税金を**オサ**める。

☐㉗ 語学を**オサ**める。

☐㉘ 町の歴史を**カエリ**みる。

☐㉙ 自分の行いを**カエリ**みる。

☐㉚ 地面に**カゲ**がうつる。

☐㉛ **カゲ**で悪口を言う。

☐㉜ 皿が**カ**ける。

☐㉝ 服をハンガーに**カ**ける。

☐㉞ 学校までの行き方を**キ**く。

☐㉟ 講義をしっかり**キ**く。

☐㊱ 鼻がよく**キ**く。

☐㊲ この頭痛薬はてきめんに**キ**く。

☐㊳ 傷口が**サ**ける。

☐㊴ 人ごみを**サ**ける。

☐㊵ 針で指を**サ**す。

☐㊶ 日の光が**サ**す。

☐㊷ 花瓶に花を**サ**す。

☐㊸ 時計の針が六時を**サ**す。

◀つづく

☐ ㊹ 手を伸ばして猫をサワる。

☐ ㊺ 夜ふかしは体にサワる。

☐ ㊻ ねじをきつくシめる。

☐ ㊼ 第一位の座をシめる。

☐ ㊽ 引き戸を両手でシめる。

☐ ㊾ 簡単な用件なので電話で話がスむ。

☐ ㊿ 田舎の村にスむ。

☐ 51 川の水が清らかにスむ。

☐ 52 非常食を買って災害にソナえる。

☐ 53 墓前に花をソナえる。

☐ 54 大地に足でタつ。

☐ 55 早朝に新幹線で東京をタつ。

☐ 56 敵の退路をタつ。

☐ 57 はさみで布地をタつ。

☐ 58 大きな家がタつ。

☐ 59 あっという間に時間がタつ。

☐ 60 昼には大阪にツく予定だ。

☐ 61 棒で地面をツく。

☐ 62 地元の会社で営業職にツく。

☐ 63 服にごみがツく。

☐ 64 家の周りに石垣をツむ。

☐ 65 新茶をツむ季節だ。

☐ 66 ヘリコプターが上空をトぶ。

☐ 67 勢いをつけて向こう岸へトぶ。

☐ ㊳ 製薬会社にツトめる。

☐ ㊴ 目標が達成するようツトめる。

☐ ㊵ 自治会長をツトめる。

☐ ㊶ 絵の具を水でトく。

☐ ㊷ 教え子に人の道をトく。

☐ ㊸ 入試問題をトく。

☐ ㊹ オフィスで事務をトる。

☐ ㊺ 網を仕掛けて魚をトる。

☐ ㊻ 技術職として新卒者をトる。

☐ ㊼ 新しい映画をトる。

☐ ㊽ 手術をして病気をナオす。

☐ ㊾ 壊れた家具をナオす。

☐ ㊿ 出発の予定をノばす。

☐ ⑧① 髪を長くノばす。

☐ ⑧② 仕事の合理化をハカる。

☐ ⑧③ 独裁者の暗殺をハカる。

☐ ⑧④ 目的地までの距離をハカる。

☐ ⑧⑤ はかりで重さをハカる。

☐ ⑧⑥ ストップウォッチで時間をハカる。

☐ ⑧⑦ 教室で二人が座る席をハナす。

☐ ⑧⑧ 釣った魚を川へハナす。

☐ ⑧⑨ 長い間、病気をワズラう。

☐ ⑨⑩ あれこれと思いワズラう。

item 10

集中治療室

動植物・体に関する名称

読みにくい動植物や体に関する名称を集めました。これらは、特に読み方が出題されることがあります。

動物

●鳥

鵜	う
鶯	うぐいす
鶉	うずら
鸚鵡	おうむ
鴛鴦	おしどり
鵲	かささぎ
鴨	かも
鷗	かもめ
烏・鴉	からす
雁・鴈	かり・がん
雉・雉子	きじ
啄木鳥	きつつき
孔雀	くじゃく
鷺	さぎ
雀	すずめ
鷹	たか
駝鳥	だちょう
丹頂	たんちょう
燕	つばめ
鴇・朱鷺	とき
鳶・鴟・鵄	とび
鳩	はと
隼	はやぶさ
梟	ふくろう
仏法僧	ぶっぽうそう
不如帰・時鳥 杜鵑・子規	ほととぎす
百舌・百舌鳥・鵙	もず
鷲	わし

●鳥以外

猪	いのしし
兎	うさぎ
狼	おおかみ
河馬	かば
狐	きつね
蝙蝠	こうもり
獅子	しし
虎	とら
鼠	ねずみ
豹	ひょう
山羊	やぎ
駱駝	らくだ
驢馬	ろば
蛙	かえる
蝸牛	かたつむり
山椒魚	さんしょううお
蜆	しじみ

田螺	たにし
蜥蜴	とかげ
蚯蚓	みみず
百足	むかで
海豹	あざらし
海豚	いるか
鯨	くじら
浅蜊	あさり
鮑	あわび
烏賊	いか
海胆・海栗・雲丹	うに
牡蠣	かき
蟹	かに
水母・海月	くらげ
珊瑚	さんご
蛸・鮹・章魚	たこ
海鼠	なまこ
蛤	はまぐり
海星・人手	ひとで
帆立貝	ほたてがい

植物

葦	あし
紫陽花	あじさい
馬酔木	あせび・あしび
粟	あわ
白粉花	おしろいばな
女郎花	おみなえし
万年青	おもと
楓	かえで
杜若	かきつばた
樫	かし
桔梗	ききょう
葛	くず
樟・楠	くすのき
梔子・巵子	くちなし
月桂樹	げっけいじゅ
欅	けやき
苔	こけ
石榴・柘榴	ざくろ
山茶花	さざんか
皐月	さつき
百日紅	さるすべり
石楠花・石南花	しゃくなげ
芍薬	しゃくやく
沈丁花	じんちょうげ
忍冬	すいかずら
酸葉	すいば
睡蓮	すいれん
薄・芒	すすき
菫	すみれ
芹	せり
栴檀	せんだん
蘇鉄	そてつ
橘	たちばな
蓼	たで
煙草・莨	たばこ
蒲公英	たんぽぽ
躑躅	つつじ
椿・海柘榴	つばき
合歓木	ねむのき
萩	はぎ
芭蕉	ばしょう
蓮	はす
薔薇	ばら
柊・疼木	ひいらぎ
檜・桧	ひのき
向日葵	ひまわり
鳳仙花	ほうせんか
木瓜	ぼけ
牡丹	ぼたん
孟宗竹	もうそうちく
樅	もみ
山吹	やまぶき
百合	ゆり
蓬	よもぎ
蘭	らん
蕨	わらび

体

顎	あご
脚	あし
咽喉	いんこう
腕	うで・かいな
横隔膜	おうかくまく
踵	かかと・きびす
肝臓	かんぞう
唇	くちびる
頸	くび
踝	くるぶし
血球	けっきゅう
血漿	けっしょう
血清	けっせい
肩甲骨	けんこうこつ
骨髄	こつずい
鼓膜	こまく
脂肪	しぼう
指紋	しもん
食道	しょくどう
尻	しり
皺	しわ
腎臓	じんぞう
膵臓	すいぞう
脛・臑	すね
背	せ
前頭葉	ぜんとうよう
大腿骨	だいたいこつ
乳首	ちくび
乳房	ちぶさ
掌	てのひら
喉	のど
喉仏	のどぼとけ
歯茎	はぐき
髭	ひげ
鼻腔	びくう
鼻孔	びこう
膝	ひざ
膝頭	ひざがしら
肘	ひじ
額	ひたい
瞳	ひとみ
皮膚	ひふ
臍	へそ・ほぞ
膀胱	ぼうこう
頬	ほお・ほほ
睫・睫毛	まつげ
瞼・目蓋	まぶた
眉	まゆ
眉毛	まゆげ
眉間	みけん
脈	みゃく
目頭	めがしら
目尻	めじり
肋骨	ろっこつ

その他の要注意語

小豆	あずき
十八番	おはこ
玄人	くろうと
五月雨	さみだれ
時雨	しぐれ
老舗	しにせ
素人	しろうと
台詞	せりふ
草履	ぞうり
山車	だし
足袋	たび
雪崩	なだれ
日和	ひより
土産	みやげ
眼鏡	めがね
紅葉	もみじ
木綿	もめん
浴衣	ゆかた

語句

これで
合格

Part3

item **11**

徹底解剖

語句

四字熟語がよく出る

四字熟語は出題しやすいようで、たくさんの学校で入試に出ています。

出題パターンは、大きく分けると二種類です。一つは、**意味を問うパターン**。四字熟語を示して、その意味を選択肢の中から選ばせる、選択式問題です。もう一つは、四字熟語の中の一字か二字が空欄になっていて、**空欄に入る漢字を問うパターン**。特に**数字や動物を表す漢字**を入れさせる問題がよく出ています。この空欄補充のパターンでは、直接漢字を書いて答えさせる場合と、選択肢から漢字を選ばせる場合との両方が見られます。

このように実際の入試では、四字熟語は選択式問題の形をとることがけっこう多いのですが、受験勉強の段階では漢字をしっかり覚えてほしいという観点から、本書では記述式の演習問題を多めに用意しました。

イディオムもよく出る

ある決まった意味を表し、昔から言いならわされてきたイディオム（＝成句）のたぐいに、**慣用句・ことわざ・故事成語**などがあります。

出題パターンは、四字熟語とほぼ同じです。**意味**を選ばせる問題や、**空欄に入る漢字**を問う問題がよく出ています。空欄補充では、こちらも**動物に関連する漢字**を入れさせる問題が多いほか、**体に関連する漢字**を入れさせる問題が頻出しています。

語句の知識は看護医療人の必須条件

看護医療職は、患者やその家族とコミュニケーションをとらなければならない仕事です。語句の知識が不足していると、豊かな対話ができないばかりか、相手が言おうとしていることの意味を正確につかめないおそれさえあります。そのため、語句の問題は、受験生に**看護医療人としてふさわしい教養が備わっているかどうか**をはかるバロメーターとして出題される、と言ってもいいでしょう。入試で語句が頻繁に出題されるのには、それなりの理由があったのです。

本書では、四字熟語や慣用句・ことわざ・故事成語、さらに対義語・類義語なども加えて、かなりの数の問題を収録しました。ただ、語句の世界は奥が深いわけですから、入試の出題範囲も限りなく広いということになります。本書を利用して学習するとともに、学校で使っている「国語便覧」などもフル活用して、積極的に語句の知識の幅を広げるようにしましょう。

語句の知識は、必須のコミュニケーションツールよ。

item 12 四字熟語

四字熟語は
空欄補充問題と
意味の問題がよく出る。
出題のしかたには
バリエーションがあるよ。

ケース 12-1

● 熟語の完成38

空欄に入る漢字を書いて、四字熟語を完成させなさい。

解答▼別冊 *p. 22*

★★★★

① 一挙□得
一つの行為から、同時に二つの利益を得ること。

② 一心不□
一つのことに心を集中して、気をそらさないこと。

③ 紆余□折
事情が複雑で変化が多く、順調に進まないこと。

④ 隔□掻痒
思うようにいかず、じれったいこと。

⑤ 艱難辛□
困難にぶつかって、くるしみ悩むこと。

⑥ 閑話□題
それはさておき。さて。

⑦ 危機一□
きわめて危ない状態。

⑧ 疑心暗□
疑いの心があると、何でもないことにも恐れや疑いを抱くということ。

⑨ 急転直□
形勢が急に変わって、解決に向かうこと。

⑩ 曲□阿世
真理を曲げて世の人が気に入るような説を唱え、時代の流れに乗ろうとすること。

⑪ 金□玉条
この上なく大切にして従うべき決まり。

⑫ 厚顔無□
厚かましくて、はじ知らずなこと。

⑬ 呉越同□
仲の悪い者どうしが同席すること。

⑭ 孤立無□
ひとりぼっちで、助けてくれる者がいないこと。

⑮ 五里□中
見通しや方針がまったく立たず、心が定まらないこと。

⑯ 自□撞着
自分で自分の言行に反すること。

⑰ 獅子奮□
激しい勢いで対処すること。

⑱ 時代錯□
時代の流れにそぐわないこと。

⑲ 自暴自□
やけになること。

⑳ 秋霜□日
刑罰・権力・信念などが非常に厳しいこと。

㉑ 主□転倒
物事の軽重・本末などを取り違えて、関係・順序が逆になること。

㉒ 順風満□
順調に進行すること。

㉓ 心□一転
あることをきっかけに、すっかり心をよいほうに変えること。

㉔ 絶□絶命
どうしても危険から逃れられないこと。

㉕ 大器□成
大人物は、若い頃は目立たず、遅れて大成するということ。

㉖ 泰然自□
落ち着いていて、どんなことにも動じないこと。

㉗ □刀直入
直接に要点をつくこと。遠回しでなく、すぐに本題に入ること。

㉘ 沈□黙考
黙ってじっくり考えること。

㉙ 天衣無□
詩歌などが、自然で技巧のあともなく、そのうえ完全で美しいこと。

㉚ 当意即□
機転をきかせて、その場にあった対応をすること。

㉛ 年□序列
勤続年数や年齢が増えるにしたがって、役職や賃金が上昇すること。

㉜ 博覧□記
広く書物を読んで、物事をよく覚えていること。

㉝ 不倶戴□
どうしても許せないと強く思うこと。

㉞ 片□隻語
ほんのちょっとしたことば。

㉟ 明鏡止□
心が静かで少しの曇りもないこと。

㊱ 優柔不□
ぐずぐずして、なかなか決められないこと。

㊲ 粒粒辛□
こつこつと努力を重ねること。

㊳ 臨機応□
状況に応じてふさわしい行動をとること。

ケース 12-2

★★★★

● 熟語の完成＋意味30

空欄に入る漢字を書いて、四字熟語を完成させなさい。また、その四字熟語の意味を、あとの選択肢から選んで、記号で答えなさい。

解答▼別冊 p.23

a

① □□模索

② 以□伝□

③ □□応報

④ 有□転□

⑤ □散□消

ア　よい行いにはよい結果、悪い行いには悪い結果があるということ。

イ　跡形もなくなること。

ウ　無言のうちに心が通じ合うこと。

エ　手がかりのないまま、あれこれとやってみること。

オ　この世のものはすべて常に移り変わるということ。

---

b

⑥ 温□知□

⑦ 我田□□

⑧ 捲□重□

⑨ 公□無□

⑩ 言□□断

ア　敗れたり失敗したりした者が、勢いを取り戻して巻き返すこと。

イ　古い出来事を研究して新しい知識を得ること。

ウ　自分に好都合なように行うこと。

エ　自分の利益や感情を交えず、物事を公平に進めようとすること。

オ　言葉に表せないほどひどいこと。

c

⑪ 首尾□□
⑫ □出□没
⑬ □賞□罰
⑭ 粉□砕□
⑮ □□無人

ア たちまち現れたり消えたりして、所在が容易につかめないこと。
イ 周りに人がいないかのように、勝手気ままに振る舞うこと。
ウ 力の限りを尽くすこと。
エ 功績ある者は必ず賞し、罪過ある者は必ず罰すること。
オ 方針などが始めから終わりまで変わらず、筋が通っていること。

---

d

⑯ □往□往
⑰ 正□正□
⑱ 徹□徹□
⑲ 異□同□
⑳ 同□異□

ア 最初から最後まで。
イ 多くの人の意見が一致すること。
ウ まったくうそ偽りがないこと。
エ 外見は違っているようだが、内容は同じであること。
オ あっちへ行ったりこっちへ来たり、うろたえること。

◀つづく

e

㉑ 自画□□

㉒ 自縄□□

㉓ 不偏□□

㉔ 不即□□

㉕ 前人□□

㉖ 前代□□

ア　今まで誰も足を踏み入れていないこと。

イ　自分の言動が自分をしばって、自由に振る舞えずに苦しむこと。

ウ　自分で自分をほめること。

エ　今までに聞いたことのないようなめずらしいこと。

オ　どの党派にもつかないで、公正・中立な立場をとること。

カ　二つのものが、つかず離れずで、ちょうどよい関係にあること。

---

f

㉗ 一衣□□

㉘ 一網□□

㉙ 一蓮□□

㉚ 一触□□

ア　一度に一味をすべて捕らえること。

イ　行動や運命をともにすること。

ウ　ちょっと触れただけで爆発しそうなほど緊迫していること。

エ　幅の狭い川や海で隔てられて、隣り合っていること。

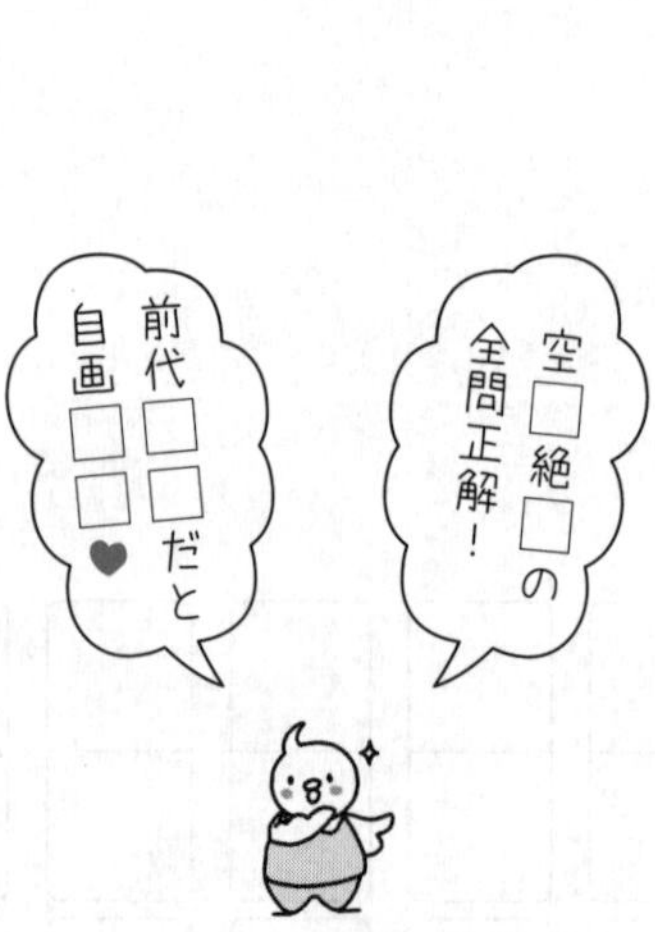
空□絶□の
全問正解！
前代□□だと
自画□□♥

（76ページ㉑㉖と
77ページ④を見てね）

ケース 12-3

★★★★

● 熟語の完成＋意味33

空欄に入る漢字を書いて、四字熟語を完成させなさい。また、その四字熟語の意味を、あとの選択肢から選んで、記号で答えなさい。

解答▼別冊 p.24

a

① □炉□扇

② 喜□哀□

③ □□混淆

④ 空□絶□

⑤ □肉□食

⑥ 針□棒□

ア 今までに例がなく、これからもありえないようなこと。

イ 季節はずれで役に立たないこと。

ウ 弱者の犠牲の上に強者が栄えること。

エ よいものと悪いものが入り混じっていること。

オ 人間の持つさまざまな感情。

カ おおげさに言うこと。

b

⑦ 大□小□

⑧ □奔□走

⑨ □憂□患

⑩ □進□歩

⑪ 平□低□

⑫ □名□実

ア 国内の心配事と外国からもたらされる心配事。

イ あちこち忙しく走り回ること。

ウ 名ばかりで実質が伴わないこと。

エ ひれ伏して頭を下げ、恐れ入ること。

オ 細かい点に違いはあるが、だいたい同じこと。

カ とどまることなく進歩すること。

◀つづく

c

⑬ □期□会

⑭ □獲□金

⑮ □石□鳥

⑯ 岡目□目

⑰ □転□倒

⑱ □面楚歌

⑲ 森羅□象

ア　一つの行為から、同時に二つの利益を得ること。

イ　一生に一度だけであること。

ウ　一度にやすやすと大金を手に入れること。

エ　周囲が敵ばかりで味方がいないこと。

オ　宇宙に存在するすべてのもの。

カ　第三者には当事者よりも真相や得失がよくわかること。

キ　ひどく苦しんで転げ回ること。

---

d

⑳ □載□遇

㉑ □差□別

㉒ □変□化

㉓ 朝□暮□

㉔ □束□文

㉕ □方美人

㉖ 波瀾□丈

ア　非常に安いこと。

イ　めったに訪れそうもないよい機会。

ウ　さまざまに違いがあること。

エ　さまざまに変化すること。

オ　さまざまな苦労や出来事があり、変化が激しいこと。

カ　誰に対しても要領よくつきあうこと。

キ　うまい言葉でごまかすこと。そのごまかしに気づかず、だまされること。

e

㉗ 牛飲□食

㉘ □口牛後

㉙ □鳴狗盗

㉚ □視眈眈

㉛ 多岐亡□

㉜ □耳東風

㉝ 竜頭□尾

ア　多量に飲食すること。

イ　初めの勢いが徐々になくなってしまうこと。

ウ　どれを選んだらよいのか迷うこと。

エ　じっと機会をねらっていること。

オ　他人の意見に注意を払わず、聞き流すこと。

カ　大きな集団の末端にいるより、小さな集団の長となるほうがよいということ。

キ　取るに足りない人物でも使い方によっては役に立つということ。

★ⓐとⓑは、それぞれ意味上で対《つい》になる漢字が入る。

★また、ⓒとⓓは、数字を表す漢字が入る。

★そして、ⓔは、動物を表す漢字が入る。

★こんなふうに、四字熟語の特徴を意識してみれば、勉強するのが楽しくなってくるんじゃないかな。

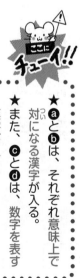

ケース 12-4

● 熟語の完成26

空欄に入る漢字を選択肢から選んで、記号で答えなさい。

解答▼別冊 *p.* 25

★★★★

① 苦手な教科の勉強に□□苦闘する。

ア 百戦　イ 悪戦　ウ 激戦

② データをグラフ化すれば□□瞭然だ。

ア 一件　イ 一刻　ウ 一目

③ 一気□□に原稿を書き上げてしまう。

ア 呵成　イ 阿世　ウ 速効

④ 栄枯□□は世の習いである。

ア 興亡　イ 無常　ウ 盛衰

⑤ 臥薪□□して復讐《ふくしゅう》を目指す。

ア 落胆　イ 嘗胆　ウ 肝胆

⑥ 画竜□□を欠くと、それまでの努力が台無しになる。

ア 点睛　イ 点描　ウ 点滅

⑦ 古来の詩を読んで換骨□□を試みる。

ア 奪還　イ 奪取　ウ 奪胎

⑧ □□依然のやり方では成果が出ない。

ア 旧蹟　イ 旧態　ウ 旧姓

⑨ 荒唐□□な話は信じられない。

ア 無垢　イ 無稽　ウ 無策

⑩ 彼女は□□兼備ですばらしい人だ。

ア 才色　イ 善悪　ウ 文武

⑪ 自然の美しい景色のことを「□□水明」という。

ア 山紫　イ 緑陰　ウ 碧空

⑫ 計画の実行にはまだ時期□□だ。

ア 尚早　イ 性急　ウ 迅速

⑬ **試行**□□ののちにやっと成功する。
ア 錯誤　イ 錯乱　ウ 錯綜

⑭ 母校は**質実**□□な校風だった。
ア 豪快　イ 屈強　ウ 剛健

⑮ □□**無尽**に暴れ回る。
ア 縦横　イ 東西　ウ 天下

⑯ 集めた材料を□□**選択**して使う。
ア 吟味　イ 拾得　ウ 取捨

⑰ **枝葉**□□なことにこだわってはいけない。
ア 末端　イ 末梢　ウ 末節

⑱ 言っていることが□□**滅裂**だ。
ア 支離　イ 剝離　ウ 離別

⑲ 彼は**清廉**□□な人柄だ。
ア 潔癖　イ 潔白　ウ 純潔

---

⑳ クラスメイトと**切磋**□□して勉強する。
ア 鞭撻　イ 奮闘　ウ 琢磨

㉑ できないことをできると**大言**□□する。
ア 壮語　イ 誇張　ウ 放送

㉒ **朝令**□□の政府では社会が混乱する。
ア 暮色　イ 暮四　ウ 暮改

㉓ あまりに**直情**□□な性格で、おとなげない。
ア 猛進　イ 径行　ウ 明朗

㉔ 子どものように**天真**□□な性格だ。
ア 無縫　イ 無垢　ウ 爛漫

㉕ **美辞**□□を連ねても心に響かない。
ア 麗句　イ 虚飾　ウ 礼賛

㉖ **付和**□□するのではなく、自分の意見を持とう。
ア 雷同　イ 星霜　ウ 霧中

item 13

イディオム

ケース13-1

● 語句の完成14［体に関連する慣用句・ことわざ］

空欄に入る、体に関連する語を、漢字で書きなさい。

解答▼別冊 p. 26

★★★★★

① □を洗う
悪い行いをやめる。

② 勇み□
調子に乗ってやりすぎ、失敗する。

③ 後ろ□を引かれる
心残りがする。

④ □が鳴る
技量を発揮したくてじっとしていられない。

⑤ □に泥を塗る
面目を失わせて、恥をかかせる。

⑥ □の荷が降りる
責任や負担から解放されて気が楽になる。

⑦ □が減らない
あれこれと理屈を並べたり負け惜しみを言ったりする。

⑧ □をひねる
わからなくて考え込む。疑わしく思う。

⑨ □が高い
無礼な態度をとる。

⑩ □に掛ける
自慢する。

⑪ □に据えかねる
怒りをおさえることができない。

⑫ □をそろえる
お金を全額そろえる。

⑬ 目から□へ抜ける
判断力があり、すばやく反応できる。

⑭ 弱り目にたたり□
不運の上に不運が重なる。

各語の意味をしっかりチェックしましょう。
出題パターンに慣れてね。

ケース 13-2

●語句の完成20［動物に関連する慣用句・ことわざ］

空欄に入る、動物に関連する語を、漢字で書きなさい。

★★★★★

解答▼別冊 p.26

① 生き□の目を抜く
すばやく行う。すばやく利益を得る。

② 一寸の□にも五分《ごぶ》の魂
弱小な者もそれ相応の意地を持っているのだから、ばかにしてはならない。

③ □が合う
気が合う。

④ □の耳に念仏
意見を言っても、価値がわからず効き目がない。

⑤ □の甲より年の劫《こう》
年長者の経験は尊ぶべきである。

⑥ □猿の仲
とても仲が悪い。

⑦ □も木から落ちる
どんな名人も、時には失敗することがある。

⑧ 尻□に乗る
人の言動につられて、考えなしに行動する。

⑨ 立つ□跡を濁さず
立ち去るときは後始末をきちんとすべきである。

⑩ 蓼《たで》食う□も好き好き
人の好みはさまざまである。

⑪ 飛んで火に入《い》る夏の□
自分から災難の中へ飛び込んでしまう。

⑫ 逃がした□は大きい
手に入れかけて失敗したものは、実際よりも値打ちがあるように思える。

⑬ □に小判
価値がわからない者に貴重なものを与えるのは無意味だ。

⑭ □の手も借りたい
どんな人にでも手伝ってほしいくらい、非常に忙しい。

⑮ □をかぶる
本性をかくしておとなしく見せかける。

⑯ 能ある□は爪を隠す
才能のある者は、それをむやみにひけらかさない。

⑰ □脚を現す
隠していたことがばれる。

⑱ 瓢箪《ひょうたん》から□が出る
意外なところから意外なことが起こる。冗談が実現してしまう。

⑲ □がいい
自分勝手でずうずうしい。

⑳ 藪《やぶ》をつついて□を出す
余計なことをして災難を招く。

ケース 13-3

● 語句の完成20 ［いろいろな慣用句・ことわざ］

空欄に入る語を漢字で書きなさい。

★★★★

解答▼別冊 p.27

① 石の上にも□年
我慢していれば、いつか必ず成功する。

② 一を聞いて□を知る
賢明で察しがいい。

③ 火中《かちゅう》の□を拾う
他人のために危険を冒す。

④ 果報は□て待て
運は人の力ではどうにもできないから、焦らずに時機を待つのがよい。

⑤ 枯れ□も山のにぎわい
つまらないものでも、ないよりはましである。

⑥ かわいい子には□をさせよ
子どもがかわいいなら、世の中のつらさを経験させるほうがよい。

⑦ 木に□を接《つ》ぐ
ちぐはぐで調和がとれない。

⑧ 弘法《こうぼう》にも□の誤り
どんな名人も、時には失敗することがある。

⑨ □んでもただでは起きぬ
どんな場合にも何かを得ようとする。

⑩ □に交われば赤くなる
人は付き合う友人によって、よくも悪くもなる。

⑪ 上手の手から□が漏れる
上手な人でも、時には失敗することがある。

⑫ □からぼた餅
思いがけない幸運がめぐってくる。

⑬ 旅の□はかき捨て
旅先では、知人がいないから、何をしても平気だ。

⑭ 旅は道連れ□は情け
旅先でも、よわたりでも、助け合って仲良くするのがよい。

⑮ □は熱いうちに打て
若いうちに鍛錬すべきである。

⑯ □る杭《くい》は打たれる
優れて抜きんでている者は、とかく憎まれる。

⑰ 火のない所に□は立たぬ
うわさになる以上、何か根拠があるはずだ。

⑱ 仏作って□入れず
ほとんど達成しているのに、重要なところが欠けている。

⑲ 待てば□路の日和あり
待っていればよいチャンスが訪れる。

⑳ □やりを入れる
第三者がよけいな口出しをする。

ケース 13-4

★★★

●用法12 ［三字熟語］

空欄に入る三字熟語を選択肢から選んで、記号で答えなさい。

解答▼別冊 p.27

☑① 試合を決める□のクリーンヒットを放つ。
ア 値千金　イ 値万両　ウ 値一刻

☑② 科学史上の□な発明をなす。
ア 画一的　イ 画策的　ウ 画期的

☑③ 人間でないものを人間にたとえる技法を「□」という。
ア 擬態法　イ 擬似法　ウ 擬人法

☑④ 「愛している」というのは彼の□だ。
ア 常套句　イ 上套句　ウ 情套句

☑⑤ 読書の□を味わう。
ア 醍醐味　イ 胡椒味　ウ 漫遊味

☑⑥ 歴史の流れを□に記述する。
ア 通行的　イ 通時的　ウ 通算的

☑⑦ □な暮らしを改めなければならない。
ア 野宿図　イ 野放図　ウ 野郎図

☑⑧ □な判定には納得できない。
ア 不始末　イ 不得手　ウ 不条理

☑⑨ 彼は□の天才だ。
ア 不世出　イ 不文律　ウ 不思議

☑⑩ 金の工面がつかないことを「手元□」という。
ア 不可侵　イ 不退転　ウ 不如意

☑⑪ □の災害が起こる。
ア 未分化　イ 未曽有　ウ 未知数

☑⑫ □な要求に屈してはならない。
ア 無尽蔵　イ 有頂天　ウ 理不尽

ケース13-5

●用法26［故事成語］

空欄に入るものを選択肢から選んで、記号で答えなさい。

解答▼別冊 p.28

★★★

☑① 「杞憂《きゆう》」とは「□」のことである。

ア から威張り　イ 憂鬱　ウ 取り越し苦労

☑② 文章をよくしようと練り直すことを「□」という。

ア 論敲　イ 推敲　ウ 鍛敲

☑③ □な仕事のやり方では評価されない。

ア 杜撰《ずさん》　イ 杜甫《とほ》　ウ 杜氏《とうじ》

☑④ 私の述べる意見など、□に過ぎません。

ア 魚足　イ 蛇足　ウ 豚足

☑⑤ 受賞作の中で彼の小説が□だ。

ア 白髪　イ 白眼　ウ 白眉

☑⑥ つじつまが合わないことを「□」という。

ア 無謀　イ 論客　ウ 矛盾

☑⑦ この賞は新人作家の□だ。

ア 登竜門　イ 函谷関《かんこくかん》　ウ 太公望《たいこうぼう》

☑⑧ 君は狭い知識にとらわれている「井の中の□」だ。

ア 鯉《こい》　イ 蟻《あり》　ウ 蛙《かわず》

☑⑨ □を正して話を聞く。

ア 帯　イ 袖　ウ 襟

☑⑩ □乱麻《らんま》を断つごとく、問題を解決した。

ア 快刀　イ 怪盗　ウ 会頭

☑⑪ 彼とは□相照らす仲だ。

ア 肝胆　イ 心鏡　ウ 懐中

☑⑫ 指導者になることを「□を執る」という。

ア 牛耳《ぎゅうじ》　イ 馬耳《ばじ》　ウ 犬耳

⑬ 追いつめられて、窮鼠《きゅうそ》□を噛《か》むごとく反撃した。

ア 猫　イ 虎　ウ 蛇

⑭ つまらない争いをしていると□の利を奪われるぞ。

ア 農夫　イ 漁夫　ウ 猟夫

⑮ □の策として、すべての解答を2にマークする。

ア 苦肉　イ 骨肉　ウ 血肉

⑯ 蛍雪の□が成って、国家試験に合格した。

ア 労　イ 光　ウ 功

⑰ 皇帝の□に触れて、島流しとなる。

ア 禁忌　イ 逆鱗《げきりん》　ウ 琴線

⑱ 世の中のことはすべて、塞翁《さいおう》が□だ。

ア 獅子《しし》　イ 狐《きつね》　ウ 馬

⑲ 敏腕の弁護士が□の礼で迎えられた。

ア 九顧　イ 六顧　ウ 三顧

---

⑳ 優秀な彼は「□の誉れ」と言っていいだろう。

ア 出世　イ 出陣　ウ 出藍

㉑ 話を聞いて、□が動いた。

ア 目尻　イ 食指　ウ 眉間

㉒ □に膾炙《かいしゃ》した名言を味わう。

ア 人口　イ 人間　ウ 人智

㉓ テロ事件の発生は、□の霹靂《へきれき》だった。

ア 晴天　イ 星天　ウ 青天

㉔ 話題の新刊書を俎上《そじょう》に□。

ア 載せる　イ 飾る　ウ 開く

㉕ 彼の不祥事を、他山の□として教訓にする。

ア 森　イ 花　ウ 石

㉖ □の思いで職を辞する。

ア 断腸　イ 断崖　ウ 断髪

ケース 13-6

★★★★

●用法36［体に関連する慣用句・ことわざ］

空欄に入るものを選択肢から選んで、記号で答えなさい。

解答▼別冊 *p. 29*

☑① 彼の活躍は周囲からも［　］置かれている。

ア 一腹　イ 一鼻　ウ 一目

☑② 疑いが晴れ、［　］を振って歩く。

ア 大首　イ 大腕　ウ 大手

☑③ 間［　］を入れずに反論する。

ア 髪　イ 口　ウ 指

☑④ 先生の教えを［　］に銘ずる。

ア 脳　イ はらわた　ウ 肝

☑⑤ 話が食い違わないように［　］を合わせておく。

ア 口車　イ 口裏　ウ 口火

☑⑥ 言葉巧みにだまされることを「［　］に乗る」という。

ア 口車　イ 口裏　ウ 口火

☑⑦ きっかけをつくることを「［　］を切る」という。

ア 口車　イ 口裏　ウ 口火

☑⑧ 酔った勢いで［　］を滑らしてしまった。

ア 舌　イ 口　ウ 肩

☑⑨ 合格通知を［　］を長くして待つ。

ア 足　イ 髪　ウ 首

☑⑩ ［　］が重くて、なかなか実行しない。

ア 口　イ 足　ウ 腰

☑⑪ 彼は誰に対しても［　］が低い。

ア 背　イ 腰　ウ 鼻

☑⑫ ［　］を据えて研究に取り組む。

ア 腰　イ 尻　ウ 頭

⑬ 悪口を言われても、□にも掛けない。
ア 歯茎　イ 歯牙　ウ 歯刃

⑭ 不本意だが□はかえられない。
ア 手に腹　イ 背に腹　ウ 目に腹

⑮ □に火をともすようにしてお金を貯める。
ア 頭　イ 爪　ウ 胸

⑯ 簡単に大金を得ることを「濡《ぬ》れ手で□」という。
ア 米　イ 栗《くり》　ウ 粟《あわ》

⑰ 突然の知らせは□に水だった。
ア 寝鼻　イ 寝顔　ウ 寝耳

⑱ 彼女はとても□っ柱が強い性格だ。
ア 骨　イ 鼻　ウ へそ

⑲ 気取った言い方が□につく。
ア 耳　イ 頭　ウ 鼻

---

⑳ □ならない嫌なやつだ。
ア 鼻持ち　イ 鼻捨て　ウ 鼻聞き

㉑ 仲間の□を明かしてやりたいものだ。
ア 耳　イ 鼻　ウ 目

㉒ 先生にほめられて鼻を□。
ア 鳴らす　イ 曲げる　ウ 高くする

㉓ □に衣《きぬ》着せぬ物言いをする。
ア 歯　イ 手　ウ 背

㉔ 身の□に合った経営をする。
ア 幅　イ 丈　ウ 色

㉕ 友人の忠告は□が痛い。
ア 腹　イ 膝　ウ 耳

㉖ うわさ話に耳を□。
ア ふるわせる　イ くわだてる　ウ そばだてる

◀つづく

㉗ 粗暴な振る舞いに□をひそめる。
ア 額　イ 眉　ウ 口

㉘ 胸に□ありそうな顔をしている。
ア 一石　イ 一物　ウ 一件

㉙ 話を聞いて、目からうろこが□。
ア 取れる　イ はがれる　ウ 落ちる

㉚ 彼の勝手な言動は□に余る。
ア 目　イ 手　ウ 背

㉛ 目に□を立てるほどのことでもない。
ア 旗　イ 筋　ウ 角

㉜ 今日という今日は目に□見せてやる。
ア 影　イ 傷　ウ 物

㉝ 彼の変貌ぶりを見て、□を疑った。
ア 目　イ 耳　ウ 口

㉞ 目を□にして財布を探す。
ア 粉　イ 皿　ウ 針

㉟ 不正がないように常に□を光らす。
ア 顔　イ 目　ウ 頭

㊱ 成功を夢見て□も振らず努力する。
ア 脇目　イ 横目　ウ 夜目

★慣用句・ことわざは、正しい形で意味と一緒に覚えることが大切。正しい形と意味は別冊に載せてあるから、しっかりチェックしておこう。

ケース 13-7

● 用法39［いろいろな慣用句・ことわざ］

空欄に入るものを選択肢から選んで、記号で答えなさい。

解答▼別冊 p.30

★★★

① 悪口を言うことを「□をつく」という。
ア 屁理屈《へりくつ》　イ 難癖《なんくせ》　ウ 悪態

② 「あらずもがな」とは「□」という意味である。
ア 理想的だ　イ ないほうがよい　ウ ありえない

③ □もない寝姿を見られてしまう。
ア しのび　イ および　ウ あられ

④ 予想と違うさまを表す言葉は「□」である。
ア 案に違《たが》わず　イ 案の定《じょう》　ウ 案外

⑤ □を殺して身を潜める。
ア 声　イ 影　ウ 息

⑥ 高慢で□人物だから、付き合いたくない。
ア いけすかない　イ 幾許《いくばく》もない　ウ いきがいい

⑦ □を争う病状だ。
ア 一刻《いっこく》　イ 一石《いっせき》　ウ 一矢《いっし》

⑧ 九回の裏に一点を入れて、何とか□を報いる。
ア 一刻　イ 一石　ウ 一矢

⑨ 停滞していた委員会に□を投じる。
ア 一刻　イ 一石　ウ 一矢

⑩ 主催者の不手際に□をなして抗議する。
ア 板　イ 息　ウ 色

⑪ □ない疑いをかけられる。
ア よばれ　イ いわれ　ウ くされ

⑫ その考えは□すぎだ。
ア うろん　イ うざく　ウ うがち

◀つづく

⑬ 事をうまく運ぶためには、□も方便《ほうべん》だ。

ア 嘘《うそ》　イ おべんちゃら　ウ うわさ

⑭ □ごかしの言葉を言われても、ごまかされないぞ。

ア おため　イ おかめ　ウ おこめ

⑮ でたらめを言って、お茶を□。

ア 濁す　イ 流す　ウ 混ぜる

⑯ 名人でも失敗するということわざに「□」がある。

ア 河童《かっぱ》の川流れ　イ 豚に真珠　ウ 蛙《かえる》の子は蛙

⑰ 「気が置けない仲」とは「気が□仲」という意味である。

ア 許せる　イ 許せない　ウ つかない

⑱ ここであきらめれば、沽券《こけん》に□。

ア 負ける　イ 答える　ウ 関わる

⑲ 社会の信頼を失い、慙愧《ざんき》に□。

ア 満たない　イ 堪えない　ウ 済まない

---

⑳ 閉鎖的な大学の研究室は、「□の塔」と言われる。

ア 象牙《ぞうげ》　イ はがね　ウ 白亜《はくあ》

㉑ せっかくまとまりかけた話に□て邪魔をする。

ア 茶茶《ちゃちゃ》を入れ　イ 相槌《あいづち》を打っ　ウ 目くばせをし

㉒ 相手はつっけんどんで、取り付く□がない。

ア 馬　イ 島　ウ 暇

㉓ 「□物には巻かれよ」というし、反抗はやめよう。

ア 強い　イ 長い　ウ ずるい

㉔ 「情けは人のためならず」とは「□」という意味である。

ア 情けをかけると相手のためにならない
イ 情けをかけると自分のためになる
ウ 情けをかけると神に奉仕したことになる

㉕ 間違った情報に、□喜びさせられた。

ア 粟《あわ》　イ 糠《ぬか》　ウ 味噌《みそ》

㉖ 事態は□ならない状態にある。

ア 開け閉め　イ 甲乙　ウ 抜き差し

㉗ その一言が事態の混乱に□を掛けた。

ア 御輿《みこし》　イ あぶみ　ウ 拍車《はくしゃ》

㉘ □に尽くしがたい悲しみを経験する。

ア 心根《こころね》　イ 筆舌《ひつぜつ》　ウ 雪辱《せつじょく》

㉙ 彼の□を食ったような態度は不愉快だ。

ア 猫　イ 人　ウ 鬼

㉚ 摘発された不正は□の一角に過ぎない。

ア 高山　イ 深山　ウ 氷山

㉛ 日本人は□びいきの傾向が強い。

ア 判官《ほうがん》　イ 浪人　ウ 若武者

㉜ 不安な要素は枚挙《まいきょ》に□。

ア いとまがない　イ くちさがない　ウ たぐいがない

㉝ □が差して物を盗んでしまう。

ア 麻　イ 魔　ウ 真

㉞ きものを着ればきれいに見える。□にも衣装だね。

ア 孫　イ 馬子《まご》　ウ 魔子

㉟ これまでのわだかまりを□てさっぱりする。

ア 水に流し　イ 手塩《てしお》に掛け　ウ まな板に載せ

㊱ せっかくの盛り上がりに□をさす。

ア 油　イ 水　ウ 酢

㊲ かつての最新機器も、今や□の長物となった。

ア 粗大　イ 無用　ウ 古式

㊳ 少々の改革では□に水だ。

ア 立て板　イ 焼け石　ウ 蛙《かえる》の面《つら》

㊴ なまぬるい対応では埒《らち》が□。

ア 明かない　イ 利《き》かない　ウ 済まない

item 14

対義語・類義語

本の半分まで進んで、そろそろ疲れがたまってきた頃かしら。適度に休憩をとりいれましょう。
疲労＝困憊《こんぱい》？
勉強↕休憩？

ケース14-1

● 熟語の作成12［対義語］

対義語を漢字二字で書きなさい。

解答▼別冊p.32

★★★★

- ☐ ① 一般《いっぱん》　広く認められて成り立つこと。　↕ ☐
- ☐ ② 演繹《えんえき》　一般的なルールを具体例に当てはめること。　↕ ☐
- ☐ ③ 華美《かび》　華やかで美しいこと。　↕ ☐
- ☐ ④ 寡黙《かもく》　口数が少ないこと。　↕ ☐
- ☐ ⑤ 危険《きけん》　危ないこと。　↕ ☐
- ☐ ⑥ 起床《きしょう》　起きだすこと。　↕ ☐

- ☐ ⑦ 期待《きたい》　あてにして待つこと。　↕ ☐
- ☐ ⑧ 消費《しょうひ》　使ってなくすこと。　↕ ☐
- ☐ ⑨ 多様《たよう》　いろいろであること。　↕ ☐
- ☐ ⑩ 天然《てんねん》　自然のままであること。　↕ ☐
- ☐ ⑪ 派手《はで》　華やかで目立つこと。　↕ ☐
- ☐ ⑫ 融解《ゆうかい》　解けること。　↕ ☐

ケース 14-2

● 一字書き換え8 ［対義語］

二字熟語の中の漢字一字を別の漢字に書き換えて、対義語を作りなさい。

★★★★ 解答▼別冊 *p.* 32

① 加害《かがい》 ↕ □
害を与えること。

② 逆境《ぎゃっきょう》 ↕ □
物事がうまくゆかない境遇。

③ 顕在《けんざい》 ↕ □
表面にはっきりとあらわれること。

④ 主観《しゅかん》 ↕ □
その人一人の考え方。

⑤ 絶対《ぜったい》 ↕ □
他との比較対立を越えていること。

⑥ 直接《ちょくせつ》 ↕ □
間に他のものを置かず、じかであること。

⑦ 敏感《びんかん》 ↕ □
感じ方が鋭いこと。

⑧ 楽観《らっかん》 ↕ □
明るい見通しを持つこと。

★対義語では、シンプルに対義語をそのまま書かせる問題がよく出る。
★また、二字熟語を示し、その中の一字を別の漢字に書き換えて対義語を作らせる問題が出ることもある。

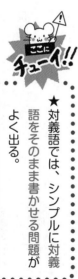

ケース 14-3

● 空欄補充36［対義語］

二語が対義語の関係になるように、空欄に入る漢字一字を書きなさい。

解答▼別冊 p.32

★★★

- ① 愛護《あいご》 ↕ 虐□　「かわいがって大事にすること。
- ② 安全《あんぜん》 ↕ 危□　「危なくなくて安心なこと。
- ③ 安定《あんてい》 ↕ 動□　「落ち着いた一定の状態であること。
- ④ 依存《いぞん》（いそん） ↕ 自□　「他のものに頼ること。
- ⑤ 永遠《えいえん》 ↕ 一□　「果てしなく長い時間。
- ⑥ 栄転《えいてん》 ↕ 左□　「地位が上がって転任すること。
- ⑦ 延長《えんちょう》 ↕ 短□　「期間や長さを延ばすこと。
- ⑧ 開放《かいほう》 ↕ 閉□　「開け放すこと。
- ⑨ 概略《がいりゃく》 ↕ 詳□　「おおまかなこと。
- ⑩ 架空《かくう》 ↕ 実□　「想像してつくりあげること。
- ⑪ 革新《かくしん》 ↕ 保□　「新しく改めようとすること。
- ⑫ 過去《かこ》 ↕ 未□　「昔。
- ⑬ 過失《かしつ》 ↕ 故□　「不注意による失敗。
- ⑭ 加熱《かねつ》 ↕ 冷□　「熱すること。
- ⑮ 歓喜《かんき》 ↕ 悲□　「たいへん喜ぶこと。
- ⑯ 閑散《かんさん》 ↕ 繁□　「仕事がなくて暇なこと。
- ⑰ 干渉《かんしょう》 ↕ 放□　「立ち入ってかまうこと。
- ⑱ 簡単《かんたん》 ↕ 複□　「単純であること。
- ⑲ 陥没《かんぼつ》 ↕ 隆□　「土地などが落ち込むこと。
- ⑳ 寒冷《かんれい》 ↕ 温□　「寒いこと。

㉑ 記憶《きおく》 ↕ 忘□
覚えていること。

㉒ 義務《ぎむ》 ↕ 権□
果たさなければならない責任。

㉓ 供給《きょうきゅう》 ↕ 需□
必要に応じて与えること。

㉔ 強健《きょうけん》 ↕ 病□
強くて丈夫なこと。

㉕ 虚偽《きょぎ》 ↕ 真□
うそ。

㉖ 拒否《きょひ》 ↕ 承□
断ること。

㉗ 具体《ぐたい》 ↕ 抽□
形や内容を持っていること。

㉘ 継続《けいぞく》 ↕ 中□
ずっと続けること。

㉙ 軽薄《けいはく》 ↕ 重□
軽くて薄っぺらいこと。

㉚ 原因《げんいん》 ↕ 結□
物事のもとになるもの。

㉛ 厳格《げんかく》 ↕ 寛□
厳しくきちんとしていること。

㉜ 攻撃《こうげき》 ↕ 守□
相手を攻めること。

㉝ 向上《こうじょう》 ↕ 低□
レベルが上がること。

㉞ 後退《こうたい》 ↕ 前□
後ろに戻ること。

㉟ 購買《こうばい》 ↕ 販□
買うこと。

㊱ 興隆《こうりゅう》 ↕ 滅□
盛んになること。

ケース 14-4

● 書き取り68 [対義語]

二語が対義語の関係になるように、カタカナを漢字二字に直して書きなさい。

解答▼別冊 p.33

★★★

① 安楽《あんらく》 ↕ クツウ
　穏やかで安心できること。

② 偉人《いじん》 ↕ ボンジン
　立派な人。

③ 栄誉《えいよ》 ↕ チジョク
　ほめられること。

④ 円満《えんまん》 ↕ フワ
　仲がよいこと。

⑤ 穏健《おんけん》 ↕ カゲキ
　行き過ぎず穏やかなこと。

⑥ 開始《かいし》 ↕ シュウリョウ
　始めること。

⑦ 拡大《かくだい》 ↕ シュクショウ
　規模を大きくすること。

⑧ 獲得《かくとく》 ↕ ソウシツ
　手に入れること。

⑨ 起点《きてん》 ↕ シュウテン
　始まるところ。

⑩ 却下《きゃっか》 ↕ ジュリ
　断って退けること。

⑪ 急性《きゅうせい》 ↕ マンセイ
　急に起こって、速く進行すること。

⑫ 空虚《くうきょ》 ↕ ジュウジツ
　空っぽでむなしいこと。

⑬ 偶然《ぐうぜん》 ↕ ヒツゼン
　たまたま起こること。

⑭ 軽蔑《けいべつ》 ↕ ソンケイ
　相手をばかにすること。

⑮ 高雅《こうが》 ↕ テイゾク
　上品で教養があること。

⑯ 固定《こてい》 ↕ リュウドウ
　止めて動かないようにすること。

⑰ 散文《さんぶん》 ↕ インブン
　特にリズムを持たない文章。

⑱ 質疑《しつぎ》 ↕ オウトウ
　質問すること。

⑲ 熟練《じゅくれん》 ↕ ミジュク
　慣れて上手にできること。

⑳ 称賛《しょうさん》 ↕ ヒナン
　ほめたたえること。

㉑ 慎重《しんちょう》 ↕ ケイソツ
注意深く行うこと。

㉒ 親密《しんみつ》 ↕ ソエン
親しく交際すること。

㉓ 精密《せいみつ》 ↕ ソザツ
細かくて行き届いていること。

㉔ 創造《そうぞう》 ↕ モホウ
新しくつくること。

㉕ 祖先《そせん》 ↕ シソン
自分より前の世代の人々。

㉖ 単一《たんいつ》 ↕ フクゴウ
一種類のもので占められていること。

㉗ 秩序《ちつじょ》 ↕ コンラン
ルールにもとづき、調和を保っていること。

㉘ 特殊《とくしゅ》 ↕ フヘン
限られたものだけに当てはまること。

㉙ 売却《ばいきゃく》 ↕ コウニュウ
売ること。

㉚ 発生《はっせい》 ↕ ショウメツ
生じること。

㉛ 赤字《あかじ》 ↕ クロジ
損失が出ること。

㉜ 安心《あんしん》 ↕ フアン
心配がないこと。

㉝ 往信《おうしん》 ↕ ヘンシン
先にこちらから送る通信。

㉞ 既決《きけつ》 ↕ ミケツ
すでに決まっていること。

㉟ 希望《きぼう》 ↕ ゼツボウ
望みをかけること。

㊱ 強硬《きょうこう》 ↕ ナンジャク
強気で押し通すこと。

㊲ 許可《きょか》 ↕ キンシ
認めて許すこと。

㊳ 原則《げんそく》 ↕ レイガイ
多くに当てはまる、基本的な決まり。

㊴ 賛成《さんせい》 ↕ ハンタイ
それでよいと認めること。

㊵ 集合《しゅうごう》 ↕ カイサン
一つに集まること。

㊶ 就任《しゅうにん》 ↕ タイニン
仕事や役に就くこと。

㊷ 出発《しゅっぱつ》 ↕ トウチャク
スタートすること。

㊸ 遵守《じゅんしゅ》 ↕ イハン
決まりを守ること。

㊹ 成功《せいこう》 ↕ シッパイ
うまくいくこと。

つづく

㊺ 整頓《せいとん》 ↕ ランザツ
きちんと整えること。

㊻ 戦争《せんそう》 ↕ ヘイワ
武力を用いて争うこと。

㊼ 増加《ぞうか》 ↕ ゲンショウ
増えること。

㊽ 束縛《そくばく》 ↕ カイホウ
自由を奪うこと。

㊾ 損失《そんしつ》 ↕ リエキ
そこない失うこと。

㊿ 怠惰《たいだ》 ↕ キンベン
怠けてだらしないこと。

51 淡泊《たんぱく》 ↕ ノウコウ
あっさりしていること。

52 着席《ちゃくせき》 ↕ キリツ
席に座ること。

53 騰貴《とうき》 ↕ ゲラク
物価や相場が上がること。

54 軟化《なんか》 ↕ コウカ
軟らかくなること。

55 舶来《はくらい》 ↕ コクサン
外国から運ばれてくること。

56 平等《びょうどう》 ↕ サベツ
等しくて偏りがないこと。

---

57 服従《ふくじゅう》 ↕ ハンコウ
相手の言うことに従うこと。

58 不足《ふそく》 ↕ カジョウ
必要なものが足りないこと。

59 分散《ぶんさん》 ↕ シュウチュウ
分かれて散らばること。

60 分裂《ぶんれつ》 ↕ トウゴウ
分かれてばらばらになること。

61 保留《ほりゅう》 ↕ ケッテイ
結論を出さずにそのままにしておくこと。

62 友好《ゆうこう》 ↕ テキタイ
仲よくすること。

63 容易《ようい》 ↕ コンナン
物事を行うのがたやすいこと。

64 陽気《ようき》 ↕ インキ
明るくて前向きなこと。

65 抑制《よくせい》 ↕ ソクシン
進もうとするのを抑えること。

66 理想《りそう》 ↕ ゲンジツ
望ましい姿。

67 冷静《れいせい》 ↕ コウフン
落ち着いていること。

68 浪費《ろうひ》 ↕ ケンヤク
無駄使いすること。

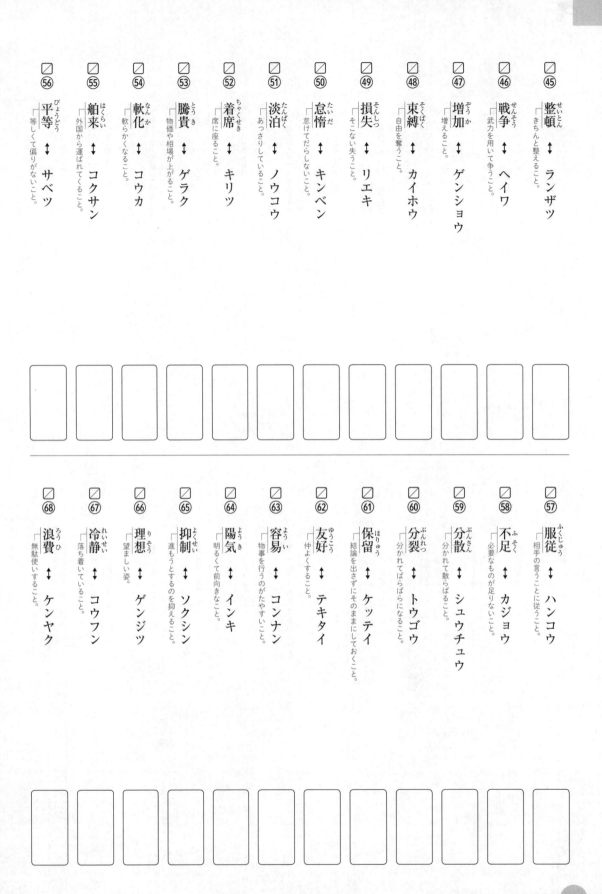

ケース 14-5

● 書き取り20［相反する意味の漢字］

相反する意味の漢字二字を組み合わせて、傍線部のカタカナを漢字に直して書きなさい。

解答▼別冊 p.34 ★★★

① 人間のアイゾウを小説に描く。
あいすることと、にくむこと。

② カフクはあざなえる縄のごとし。
不幸と、こうふく。

③ キフクが激しい山道を登る。
高くなったり、低くなったりすること。

④ 証言にキョジツを取り混ぜている。
うそと、本当。

⑤ 事のケイイを詳しく説明する。
(織物の)たて糸と、よこ糸。↓「物事のいきさつ」の意。

⑥ コウザイは相半ばしている。
てがらと、あやまち。

⑦ コウシの別をわきまえる。
おおやけ事と、わたくし事。

⑧ 俳句のコウセツはわかりにくい。
上手か、下手か。

⑨ コウナンをあわせ持つ人。
かたさと、やわらかさ。

⑩ 決勝戦で激しいコウボウを繰り広げる。
せめることと、守ること。

⑪ サイダイ漏らさずに報告する。
こまかいことと、おおきいこと。

⑫ 今年の冷害はシカツに関わる問題だ。
しぬか、生きるか。

⑬ 横綱どうしのシユウを決する一戦だ。
オスか、メスか。↓「勝ち負け」「優劣」の意。

⑭ 金品のジュジュがあったらしい。
さずけることと、うけること。うけ渡し。

⑮ シュビは上々だ。
始めから、終わりまで。↓「物事の成り行き」の意。

⑯ シンタイを明らかにする。
すすむか、しりぞくか。↓特に「職を続けるか辞めるか」の意。

⑰ 会計のタイシャク対照表を作成する。
かすことと、かりること。かしかり。

⑱ 試験問題をナンイ順に整理する。
むずかしいか、やさしいか。むずかしさの程度。

⑲ 会社のフチンをかけたプロジェクトだ。
うきしずみ。栄えるか衰えるか。

⑳ ヨクヨウをつけて詩を朗読する。
(調子を)上げることと、下げること。

ケース 14-6

● 書き取り44［類義語］

二語が類義語の関係になるように、カタカナを漢字二字に直して書きなさい。

解答▼別冊 p.35

★★★

① 安価《あんか》 ＝ レンカ
値段が安いこと。

② 案外《あんがい》 ＝ イガイ
予想と違うこと。思いのほか。

③ 案内《あんない》 ＝ センドウ
みちびいて行くこと。

④ 異存《いぞん》 ＝ イギ
反対の意見。不服。

⑤ 糸口《いとぐち》 ＝ タンショ
きっかけ。

⑥ 栄光《えいこう》 ＝ メイヨ
輝かしいほまれ。

⑦ 永眠《えいみん》 ＝ タカイ
亡くなること。

⑧ 奥義《おうぎ》 ＝ ゴクイ
学問・技芸で最も大切なことがら。

⑨ 価格《かかく》 ＝ ネダン
売買されるときの金額。

⑩ 我慢《がまん》 ＝ シンボウ
こらえること。

⑪ 関心《かんしん》 ＝ キョウミ
心が引かれること。

⑫ 感想《かんそう》 ＝ ショカン
かんじたり思ったりしたこと。

⑬ 起源《きげん》 ＝ ハッショウ
物事の起こり。

⑭ 勤労《きんろう》 ＝ ロウドウ
はたらくこと。

⑮ 計略《けいりゃく》 ＝ サクリャク
はかりごと。よくない考え。

⑯ 倹約《けんやく》 ＝ セツヤク
無駄遣いをしないこと。

⑰ 光陰《こういん》 ＝ サイゲツ
としつき。

⑱ 貢献《こうけん》 ＝ キヨ
役立つように尽力すること。

⑲ 考査《こうさ》 ＝ シケン
テスト。

⑳ 互角《ごかく》 ＝ タイトウ
同じくらいの程度であること。

☑㉑ 最高《さいこう》 ＝ シジョウ
いちばん優れていること。

☑㉒ 残念《ざんねん》 ＝ イカン
心残りであること。

☑㉓ 自然《しぜん》 ＝ テンネン
人の手が加わっていないこと。

☑㉔ 出発《しゅっぱつ》 ＝ カドデ
スタート。

☑㉕ 心配《しんぱい》 ＝ ケネン
先のことを不安に思うこと。

☑㉖ 親密《しんみつ》 ＝ コンイ
仲がよくて親しいこと。

☑㉗ 絶無《ぜつむ》 ＝ カイム
まったくないこと。

☑㉘ 対照《たいしょう》 ＝ ヒカク
照らし合わせること。

☑㉙ 達成《たっせい》 ＝ ジョウジュ
なし遂げること。

☑㉚ 沈着《ちんちゃく》 ＝ レイセイ
落ち着いていて動じないこと。

☑㉛ 手紙《てがみ》 ＝ ショカン
用件を記して送るもの。

☑㉜ 手柄《てがら》 ＝ コウセキ
立派な成果。

☑㉝ 適当《てきとう》 ＝ ダトウ
ぴったりあてはまること。

☑㉞ 同意《どうい》 ＝ サンセイ
意見が同じだと意思表示すること。

☑㉟ 突然《とつぜん》 ＝ フイ
急に起こること。

☑㊱ 範囲《はんい》 ＝ リョウイキ
限られた広がり。

☑㊲ 豊富《ほうふ》 ＝ ジュンタク
ふんだんにあること。

☑㊳ 方法《ほうほう》 ＝ シュダン
やり方。

☑㊴ 放浪《ほうろう》 ＝ ルロウ
さまようこと。

☑㊵ 名作《めいさく》 ＝ ケッサク
優れたさくひん。

☑㊶ 名勝《めいしょう》 ＝ ケイショウ
けしきがたいへんよいこと。

☑㊷ 立腹《りっぷく》 ＝ フンガイ
腹を立てること。

☑㊸ 履歴《りれき》 ＝ ケイレキ
それまでにしてきた事柄。

☑㊹ 練習《れんしゅう》 ＝ ケイコ
トレーニング。

item 15

カタカナ語

ケース 15-1

● 意味20
カタカナ語の意味を選択肢から選んで、記号で答えなさい。

解答▼別冊 p.36

★★★

ⓐ
□① セオリー
□② ビザ
□③ メランコリー
□④ リタイア

ア 理論。学説。
イ 気がふさぐこと。憂鬱。
ウ 海外旅行者が正当な理由と資格を有して旅行するものであることを証明する文書。入国査証。
エ 引退すること。途中で棄権・退場すること。

ⓑ
□⑤ ノウハウ
□⑥ フィードバック
□⑦ ユーザー
□⑧ ロジック

ア 議論の筋道。論理。
イ 使用者。消費者。
ウ 結果を原因側に戻すこと。
エ 専門的な技術や知識。

外来語や和製英語など、カタカナ語の知識も必修です。
ネバーギブアップ！

c

☐⑨ バイオテクノロジー

☐⑩ プライド

☐⑪ ブレーン

☐⑫ リアクション

☐⑬ リベラリズム

☐⑭ リベンジ

ア 生命・生体を工学的に取り扱おうとする技術。

イ 仕返し。

ウ 誇り。自尊心。

エ 自由主義。

オ 知的指導者。

カ 反応。反動。

---

d

☐⑮ デイサービス

☐⑯ ネームバリュー

☐⑰ バリアフリー

☐⑱ プロジェクトチーム

☐⑲ ボランティア

☐⑳ リスクマネージメント

ア 危険が起こる可能性を最小限に抑えようとする管理活動。

イ 日常生活上の世話や適応訓練などを提供すること。

ウ 社会活動などに無償で参加する人。

エ 名前が持つ価値。知名度。

オ 特別な目的のために編成された集団。

カ 障壁となるものを取り除き、生活しやすくすること。

ケース 15-2

★★★

● 用法68

空欄に入るものを選択肢から選んで、記号で答えなさい。

解答▼別冊 *p.* 36

☑① 「□」の訳語は「衝撃」である。

A インパクト
B インスタント
C イントロダクション

☑② □に富んだ会話を楽しむ。

A ウイット
B スイッチ
C クイック

☑③ □な画像から目を背ける。

A クリティカル
B グローバル
C グロテスク

☑④ 「□」の訳語は「頭脳集団」である。

A シンクタンク
B トップタンク
C ソフトタンク

☑⑤ □な動きが描写されている。

A ダイビング
B タイピング
C ダイナミック

☑⑥ □な発想では困難を乗り越えられない。

A ネガティブ
B ポジティブ
C ネック

☑⑦ □のある会話は人間関係に潤いをもたらす。

A ユニコーン
B ユーモア
C ユニバーサル

☑⑧ 「□」の訳語は「共同体」である。

A コミュニケーション
B コミット
C コミュニティ

☑⑨「□」の訳語は「自己同一性」である。
A アイロニー
B アバンギャルド
C アイデンティティ
□

☑⑩「アイロニー」の訳語は「□」である。
A 皮肉
B 比較
C 悲観
□

☑⑪「バーチャルリアリティ」の訳語は「□」である。
A 理想郷
B 現実逃避
C 仮想現実
□

☑⑫「カテゴリー」の訳語は「□」である。
A 範疇《はんちゅう》
B 判例
C 融通
□

☑⑬「患者をケアする」とは「患者を□」の意味である。
A 熟睡させる
B 指導する
C 介護する
□

☑⑭「日本は侍の国だ」というのは、□な日本理解だ。
A デッキタイプ
B オーディオタイプ
C ステレオタイプ
□

☑⑮「パラドックス」の訳語は「□」である。
A 詭弁《きべん》
B 逆説
C 止揚
□

☑⑯「インフラ整備」とは「□を整備する」の意味である。
A 国際基盤
B 社会基盤
C 人権基盤
□

☑⑰オーソリティとは「その分野の□だ」の意味である。
A 権威
B 専属
C 先駆
□

☑⑱「男らしさ」や「女らしさ」は、□によるものだ。
A ジェラシー
B ジェンダー
C ジェネリック
□

◀つづく

☐⑲ 緑化運動の□を書いたポスターを掲示する。

A スペック
B スキル
C スローガン

☐⑳ 経済活動において各国の関係は□になってきている。

A ペーパーレス
B ボーダーレス
C タックスフリー

☐㉑ 「文章を読んだり書いたりする能力」を「□」という。

A リバティ
B リーガル
C リテラシー

☐㉒ 彼女は気が強そうに見えるが、□なところもある。

A ナイスガイ
B ナイチンゲール
C ナイーブ

☐㉓ 彼女は明るく快活な□の持ち主だ。

A キャンドル
B キャパシティ
C キャラクター

☐㉔ 彼の強烈な□性は、多くの人々の心をひきつけた。

A ワンマン
B カリスマ
C コトダマ

☐㉕ 彼は自分の容姿に強い□を持っている。

A コンポジション
B コンプリート
C コンプレックス

☐㉖ 彼にまつわる愉快な□は事欠かない。

A エピゴーネン
B エントロピー
C エピソード

☐㉗ 「アセスメント」の訳語は「□」である。

A 事前評価
B 有識者会議
C 人材育成

☐㉘ 医療行為に際しては、インフォームド・□が重要だ。

A コンセプト
B コンセント
C コンテキスト

☐ ㉙ 「技術革新」のことを「□」という。
A イノベーション
B インフレーション
C イントロダクション

☐ ㉚ 救急箱を□にしてアイコンを作ってみた。
A モルジブ
B モノラル
C モチーフ

☐ ㉛ 進路をどうすべきか、就職と進学の□に陥る。
A シニカル
B ジャンル
C ジレンマ

☐ ㉜ 「コミッション」の訳語は「□」である。
A 委託
B 球団
C 関与

☐ ㉝ 古来からの□を破る行為をしてしまう。
A タスク
B タブー
C タブロー

☐ ㉞ 人間としての□にもとづいて行動する。
A モード
B モザイク
C モラル

☐ ㉟ 他にはない□な練習メニューを考える。
A オリジナル
B オフィシャル
C オーソドックス

☐ ㊱ 複雑な□を経て新製品が誕生する。
A プロセス
B プロパガンダ
C プロレス

☐ ㊲ 「コンセンサス」の訳語は「□」である。
A 意見
B 異議
C 合意

☐ ㊳ 「サーキュレーター」の訳語は「□」である。
A 呼吸器
B 生殖器
C 循環器

◀つづく

☑㊴ 災害などをきっかけに□を発症する人が多い。

A PTAD
B TPPA
C PTSD

☑㊵ 「環境保護」を表す言葉として「□」が使われる。

A エコロジー
B エントロピー
C エコノミー

☑㊶ さまざまな□の作品を鑑賞する。

A ジャルダン
B ジャーナル
C ジャンル

☑㊷ □を駆使して宣伝する。

A メトロ
B メディア
C メモリー

☑㊸ 事業□を作成するように努力する。

A スチール
B スキーム
C スペル

☑㊹ 新商品開発の□を説明する。

A コンテクスト
B コンセプト
C コンセント

☑㊺ 人生に対して□な姿勢を持つのが大切だ。

A ポジティブ
B ホスピス
C ポリティカル

☑㊻ 心停止に対応するために□が設置されている。

A ATM
B AED
C AIS

☑㊼ 「診療報酬明細書」は「□」とよばれる。

A レセプト
B レビュー
C レアケース

☑㊽ □の発展と医療の高度化は密接に関係している。

A テクノポップ
B テクノロジー
C テクニカル

☐㊾「ターニングポイント」の訳語は「　」である。

A 折り返し点
B 終着点
C 転換点

☐㊿ 多数決は　の意見が反映されにくい。

A マイナンバー
B マイブーム
C マイノリティ

☐51「環境の快適さ」のことを「　」という。

A アカウント
B アップデート
C アメニティ

☐52 他人との　は、言語や身振りなどによって行われる。

A コネクション
B コスモロジー
C コミュニケーション

☐53「コモンセンス」の訳語は「　」である。

A 思いやり
B 常識
C 感性

☐54「多数派」のことを「　」という。

A マキャベリ
B マジョリティ
C マイノリティ

☐55 猫は自分の　の中で生きる動物だといわれる。

A テンション
B テレワーク
C テリトリー

☐56「パイオニア」の訳語は「　」である。

A 技術者
B 先駆者
C 最高責任者

☐57 遠く離れたふるさとに　を感じる。

A ファンタジア
B アカデミズム
C ノスタルジア

☐58 万人向けに作ることを「ユニバーサル　」という。

A サービス
B プラン
C デザイン

◀つづく

☑ ⑲ 色彩の微妙な[ ]を味わう。

A ニュートロン
B ニュアンス
C ニューカマー

☑ ⑳ 病院改革の[ ]が発表される。

A ガイドライン
B ラインナップ
C プロトタイプモデル

☑ ㉑「物価が上昇する現象」のことを「[ ]」という。

A インフレーション
B イントロダクション
C イミテーション

☑ ㉒「フレキシブル」は[ ]さまを表す言葉である。

A 柔軟な
B 軽快な
C 貧弱な

☑ ㉓「本質的な要素」のことを「[ ]」という。

A エッセンス
B エッセイ
C エレガンス

☑ ㉔ 美術館の庭に不思議な形をした石の[ ]がある。

A オブジェ
B シンメトリー
C ヒエラルキー

☑ ㉕ 昔の思い出が現在の経験に[ ]する。

A オーバーアクション
B オーバーラップ
C オーバープリント

☑ ㉖ 映画を観て感情移入し、[ ]を感じた。

A カテゴリー
B カタルシス
C カオス

☑ ㉗「模擬実験」のことを「[ ]」という。

A スタグフレーション
B フラストレーション
C シミュレーション

☑ ㉘ 有名小説の[ ]を書く。

A パロディ
B パネリスト
C パラサイト

口語文法

これで合格

Part4

item 16

徹底解剖

口語文法

口語文法は頻出ベスト5をおさえよう

口《こう》語《ご》文法（＝現代語の文法）は中学校で教わりますが、なかなか厄介で苦労する分野です。高校に入ってからは、文法というと、学習するのはほとんど古典文法ばかりになるので、みなさんの中には、口語文法なんてすっかり忘れてしまったという人も多いことでしょう。

看護医療系専門学校の入試では、口語文法についていろいろな問題が出ます。**最もよく出るのは「ない」の識別**です。続いて、**助動詞「れる」「られる」、格助詞「の」、副詞、連体詞も頻出**です。口語文法は、この五つの項目に重点を置いて学習しましょう。

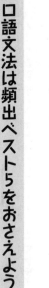

必要なのは文法的に正しい表現

気をつけなければならないのは、テレビでは、バラエティ番組などで文法そっちのけの発言がなされていることです。時には、ニュース番組のアナウンサーでさえ、厳密な日本語を使っていないことがあります。これは、話し言葉である限り、どうしても避けられないことかもしれません。なぜなら、私たちが日常会話をするとき、いちいち文法書に従って話しているわけではありませんし、単語を適当に並べていっても意味はだいたい通じてしまうものだからです。

このような事情はあるものの、テレビのバラエティ番組は、文法的におかしい発言が自由奔放に飛び交う世界ですから、日頃テレビをよく見てバラエティ番組に親しんでいる人は、注意しましょう。バラエティ番組の言語感覚を入試問題に持ち込んでしまうと、減点されてしまいます。

変な日本語表現を身につけた受験生が看護医療系専門学校に入学したらどうなるか——病院実習や就職後の活動において、厳しく非難されかねません。そんなことにならないように、学校は口語文法を入試に出題するのです。**志望校が要求している、文法的に正しい表現**を、ぜひ身につけてください。

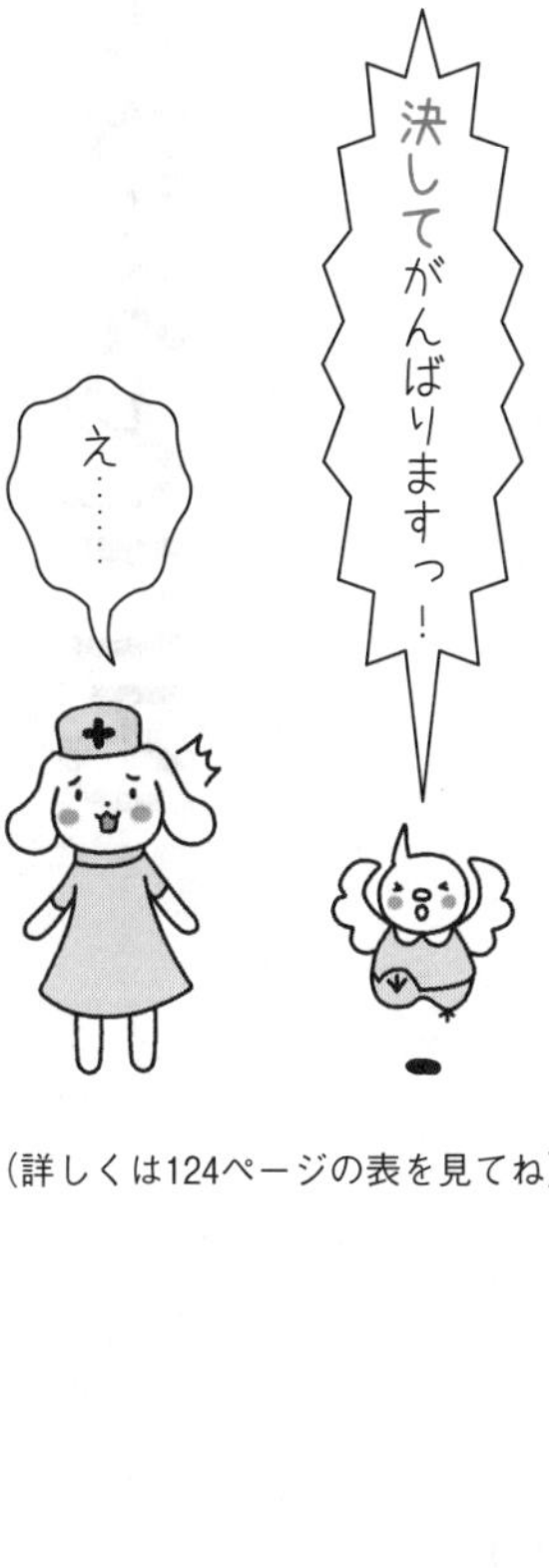
決してがんばりますっ！
え……

（詳しくは124ページの表を見てね）

item 17

集中治療室

口語文法のおさえどころ

「ない」の識別

✚ 簡単な見分け方

現実的には、**打消《うちけし》の助動詞「ない」とそれ以外の「ない」に分けて考える**と、答えが簡単に出ることが非常に多い、と言えます。

打消の助動詞には「ない」と「ぬ」の二つがありますので、**「ない」の部分を「ぬ」または「ず」に言いかえることができるか**を調べます（「ず」は、「ぬ」が活用して形を変えたものです）。言いかえることができれば、その「ない」は助動詞です。

例
絶対に負け**ない**。➡絶対に負け**ぬ**。➡ ○ 言いかえ可能 ➡「ない」は助動詞である
薬が**ない**。➡薬が**ぬ**。➡ ✕ 言いかえ不可能 ➡「ない」は助動詞でない

もっとも、「ぬ」は古いタイプの助動詞なので、「ない」を「ぬ」に言いかえると、違和感を覚えてしまうことがあるかもしれません。

例
病人がい**ない**。➡病人がい**ぬ**。➡言いかえ可能？不可能？ ➡「ない」は助動詞？

✚正確な見分け方

聞き慣れない言い方なので、「ぬ」のかわりに「ず」で言いかえて「病人がいず。」(=病人が居ず)」としてみるほうがわかりやすいかもしれません。この「ない」も打消の助動詞です。

✚✚✚✚✚

❶ **動詞の未然形＋「ない」 ➡打消の助動詞「ない」**

例 走ら**ない**。(「走ら」は動詞「走る」の未然形)

❷ **「ない」の直前で文節を区切ることができ、「ない」だけで文節が作れる。➡形容詞「ない」**

形容詞「ない」とは、**「有る」の反対の意味の「無い」**のことです。

助動詞はそれだけで文節を作ることができませんが、形容詞はそれだけで文節を作ることができます。**文節**とは、意味がわからなくならない程度にできるだけ短く区切った単位のことです。ちなみに、文法用語では、助動詞は**付属語**、形容詞は**自立語**というものに分類されます。

例 薬が／**ない**。

❸ **連用形＋「ない」 ➡補助形容詞「ない」**

連用形と補助形容詞「ない」の間には**「は」などの助詞を入れる**ことができます。

また、「聞いてない」「病気でない」のように**「〜てない」「〜でない」の形をとる**場合も、「ない」は補助形容詞です。

例 患者が 多く **ない**。(「多く」は形容詞「多い」の連用形。「多くはない」と言える)

❹ **直前の部分と「ない」を分けることができない ➡形容詞の一部の「ない」**

直前の部分とともに「〜ない」という形の一語の形容詞です。

例 あどけ**ない**・せつ**ない**・はか**ない**

では、問題にチャレンジしてみましょう。次の傍線部の「ない」のうち、品詞の異なるものを一つ選んでください。

ア 勉強はあまり好ま**ない**が、
イ いちばん英語の通じ**ない**ところは、
ウ 学校に入れてくれ**ない**のであるが、
エ その陰にあったのかもしれ**ない**が、
オ 記憶は定かで**ない**が、

できましたか。**ア**～**エ**は「好ま**ぬ**」「通じ**ぬ**」「くれ**ぬ**」「しれ**ぬ**」と「ぬ」に言いかえ可能なので、打消の助動詞です。**オ**は「定かで**ぬ**」となって言いかえ不可能なので、助動詞ではありません。「～でない」の形をとっていることから、補助形容詞だとわかります。したがって、解答は**オ**。

勉強はあまり好まないけど
学校に入れてくれないと
看護師になれないし…
せつないなあ。
(右の三つの「ない」は助動詞
「せつない」は一語の形容詞)

ワンポイント

「ない」を識別するときは、まず**「簡単な見分け方」**を試し、それで判断しにくい場合は**「正確な見分け方」**を使う。

助動詞「れる」「られる」

助動詞「れる」「られる」で入試に出るのは**意味**と**接続**の二つです。

四つの意味の識別

「れる」「られる」の意味は、**受身《うけみ》・尊敬・可能・自発の四つ**です。それぞれの最初の一字をとって**「うそかじ（嘘火事）」**と覚えましょう。

❶ **受身……他から何かをされる**意味を表します。**「○○に～される」**の形で使われます。

例 受付係に呼ば**れる**。

❷ **尊敬……目上の人や客などの動作を敬って言う**意味を表します。

例 院長が話さ**れる**。

❸ **可能……「～できる」**という意味を表します。

例 このお菓子はまだ食べ**られる**。

❹ **自発……「～せずにはいられない」**という意味を表します。

例 懐かしい昔のことが思い出さ**れる**。

「自発」について補足説明しておきましょう。自発は、学習参考書などでは「動作や気持ちが自然に起こる意味を表す」と説明されていることが多いのですが、この説明では正直ピンとこないでしょう。そこで**「～せずにはいられない」**という意味で考えるとわかりやすくなります。たとえば、次のような状況が自発にあたります。

例 お笑い番組がおもしろくて、**笑わずにはいられない**。
かわいがっていたペットが死んで、**泣かずにはいられない**。
気になる子のうわさ話なので、**聞かずにはいられない**。
昔のことが懐かしくて、**思い出さずにはいられない**。

このような状況を表すのが自発です。したがって、助動詞「れる」「られる」が自発の意味を表す場合、**「笑う」「泣く」「聞く」「思い出す」「思う」「案じる」「感じる」などの心情・知覚に関する動詞**の下に付きます。

「れる」は五段活用とサ行変格活用の動詞の下に付きます。一方、**「られる」はそれ以外の活用の動詞の下**に付きます。

動詞への接続のしかた

❶
- 五段活用＋「れる」　例 書く ⬇ ○ 書か**れる**　✕ 書か**られる**
- サ行変格活用＋「れる」　例 相談する ⬇ ○ 相談さ**れる**　✕ 相談さ**られる**

❷
- 上一段活用＋「られる」　例 着る ⬇ ○ 着**られる**　✕ 着**れる**
- 下一段活用＋「られる」　例 食べる ⬇ ○ 食べ**られる**　✕ 食べ**れる**
- カ行変格活用＋「られる」　例 来《く》る ⬇ ○ 来《こ》**られる**　✕ 来《こ》**れる**

「着れる」「食べれる」「来れる」などの言い方は、日常会話でよく使われますが、文法の世界では**「ら抜き言葉(ら抜き表現)」**とよばれ、間違った表現とされています。入試でも**「ら抜き言葉」は不適切**とみなされますので、使わないように注意してください。

なお、五段活用の動詞に助動詞「れる」を付けて可能の意味を表すことは、あまりありません。その代わりとして、**可能動詞**という語を使うのが一般的です。

例　この鉛筆はよく**書かれる**。⬇この鉛筆はよく**書ける**。(「書ける」で一語の可能動詞)

「**書けれる**」のように、**可能動詞にさらに「れる」を付けることは誤り**なので、これも注意が必要です。

見れる
着れる
寝れる
食べれる
ぜんぶ
ブーッ！

(「見る」と「着る」は上一段活用
「寝る」と「食べる」は下一段活用)

格助詞「の」

四つの意味用法

格助詞は、おもに名詞（体言）に付いて文節を作り、他の文節に対する関係を示す働きをします。

格助詞「の」の意味用法は、おもに**主格・連体修飾格・準体格・同格の四つ**です。

❶ **主格**……**主語**であることを示します。**「が」で言いかえる**ことができます。
例 彼**の**描いた絵を見た。（「彼**が**描いた絵を見た。」と言える）

❷ **連体修飾格**……**修飾・被修飾の関係**を作ります。
例 私**の**母が看病している。（「私の」が「母が」を修飾している）

❸ **準体格**……**体言の代用**をします。**体言や「～（の）もの」「～（の）こと」で言いかえる**ことができます。
例 難しい**の**を読んでいる。（「難しい**本**を読んでいる。」「難しい**もの**を読んでいる。」と言える）

❹ **同格**……前後が**同じ資格**であることを示します。**「で」で言いかえる**ことができます。
例 風邪薬**の**よく効く薬がほしい。（「風邪薬**で**よく効く薬がほしい。」と言える）

「同格」について補足説明しておきましょう。次の文を見てください。

例 理想の彼氏は、イケメンで、背が高くて、お金持ちで、優しくて、私だけを愛してくれる人です。

この文に並び置かれた「イケメン・背が高（い人）・お金持ち・優し（い人）・私だけを愛してくれる人」は、いずれも同じ「理想の彼氏」の条件を表しています。つまり、同じ資格になっているのです。こういう関係が同格だと思ってください。高望みな例文ですが、これなら「同格」の意味がすぐに理解できますね（笑）。

副詞

副詞は、自立語で、それだけで文節を作ることができます。活用しないので、形が変わることはありません。おもに用言（＝動詞・形容詞・形容動詞）を修飾します。

副詞は三つの種類に分けることができます。

三つの種類

❶ **状態の副詞**……おもに動詞を修飾して、その動作や作用がどういう状態かを表します。

例 「すぐに」「しばらく」「さっそく」「いつも」など。

「ニャンニャン」「ゴロゴロと」などの**擬声語**《ぎせいご》や「ズキズキ」「きらりと」などの**擬態語**《ぎたいご》も状態の副詞。

❷ **程度の副詞**……おもに用言を修飾します。体言（名詞）を修飾することもあります。

例 「とても」「もっと」「かなり」「ちょっと」など。

❸ **陳述の副詞**……**特定の表現とセット**で使われます。これを**副詞の呼応**といいます。

例 「決して」「たぶん」「もし」「まるで」など。

陳述の副詞と特定の表現をセットで覚えると、空欄補充問題などで役立ちます。

陳述の副詞	セットになる表現	意味	例文
決して・全然	ない	打消	僕は決してあきらめない。
決して・断じて	な	禁止	断じてあきらめるな。
たぶん・おそらく	だろう	推量	たぶん退院できるだろう。
まさか・よもや	まい・ないだろう	打消推量	まさか病気ではあるまい。
なぜ・どうして	か	疑問・反語	なぜ骨折したのか。
もし・かりに	なら・たら	仮定（順接）	もし合格したいなら、
たとえ・よしんば	ても	仮定（逆接）	たとえ味方が一人もいなくても、
どうか・ぜひ	ください	願望	どうかがんばってください。
まるで・あたかも	（の）ようだ	比況《ひきょう》〔＝たとえ〕	まるで天使のようだ。

なお、「全然」は、日常会話では「全然だいじょうぶ」などという言い方をよく耳にします。しかし、入試では「全然だいじょうぶ」は不適切とみなされ、打消表現とセットで使った「**全然**だいじょうぶで**ない**」が正しいとされますから、注意しましょう。

もし
合格したいなら…
起きろーっ

連体詞

連体詞は、自立語で、それだけで文節を作ることができます。活用しないので、形が変わることはありません。必ず体言（＝名詞）を修飾します。

おもな語

形の特徴	連体詞
「―の」型	この・その・あの・どの・かの・ほんの・当の・例の
「―が」型	わが・われらが
「―る」型	ある・とある・かかる・さる・来たる・明くる・あらゆる・いかなる さしたる・何《なん》たる・確《かく》たる・最《さい》たる・主《しゅ》たる・名だたる・単なる
「―な」型	大きな・小さな・おかしな
「―ぬ」型	あらぬ・よからぬ
「―た・―だ」型	たいした・ふとした・れっきとした・大それた・とんだ
「―いう」型	こういう・そういう・ああいう・どういう

「大きな」「小さな」「おかしな」は、他の品詞と間違いやすいので注意しましょう。形容詞の「大きい」「小さい」「おかしい」の活用形ではありません。また、「大きだ」「小さだ」「おかしだ」とはいえませんので、形容動詞でもありません。

item 18 口語文法の出題例

ケース 18-1

●「ない」の識別 解答▼別冊 p. 39 ★★★★

傍線部「ない」の文法的説明を選択肢から選んで、記号で答えなさい。

① 子どもの頃から変わらない景色。 [　]
② 予算がないので苦労した。 [　]
③ 相手はあまり強くない。 [　]
④ 熱を逃がさない耐熱容器。 [　]
⑤ 雲が一つもない快晴。 [　]
⑥ あいつはとんでもないやつだ。 [　]
⑦ 英語の問題ができない。 [　]
⑧ 一人でも寂しくない。 [　]
⑨ さりげないおしゃれを心がける。 [　]
⑩ 学校には誰もいない。 [　]

ア 助動詞　イ 形容詞
ウ 補助形容詞　エ 形容詞の一部

ケース 18-2

●「れる」「られる」の意味 解答▼別冊 p. 39 ★★★

傍線部「れる」「られる」の意味を選択肢から選んで、記号で答えなさい。

① 僕はなんでも食べられる。 [　]
② 詩の味わいが感じられる。 [　]
③ 犬に手をかまれる。 [　]
④ 院長が来られる。 [　]

ア 受身
イ 尊敬
ウ 可能
エ 自発

ケース 18-3

●「れる」「られる」の意味

解答▼別冊 p. 39　★★★

傍線部「れる」と意味が同じものを選択肢から選んで、記号で答えなさい。

☐ 書物とは、私的なものでありながら、共有が許さ**れる**ものである。　〔　　〕

ア　故郷が懐かしく感じ**られる**。
イ　病気が治って、やっと病院を出**られる**。
ウ　院長が往診に行か**れる**。
エ　まもなく旧病棟が解体さ**れる**。

ケース 18-4

●「れる」「られる」の用法

解答▼別冊 p. 39　★★★

傍線部の表現は適切か。適切であれば○と答え、適切でなければ正しい表現に直しなさい。

☐ ①　私はどこでも**寝れる**から、心配しないでください。　〔　　〕

☐ ②　私は何でもおいしく**食べられる**。　〔　　〕

☐ ③　私は夏休みに三キロも**泳げれる**ようになった。　〔　　〕

ケース 18-5

●「の」の意味用法

解答▼別冊 p. 40　★★★

傍線部「の」の意味用法を選択肢から選んで、記号で答えなさい。

☐ 犬**の**①黒い**の**②が、私**の**③建てた小屋**の**④上に寝ていた。

ア　主格　　イ　連体修飾格
ウ　準体格　エ　同格

①〔　　〕②〔　　〕③〔　　〕④〔　　〕

ケース 18-6

●副詞の種類

解答▼別冊 p. 40　★★★

傍線部の文法的性質が異なるものを一つ選んで、記号で答えなさい。

☐
ア　席から**そっと**立ち上がった。
イ　手を**とても**かたく握りしめていた。
ウ　**すぐに**電話を切った。
エ　舌を**ペロリと**出して笑った。
オ　**にこにこと**うれしそうに見つめていた。

〔　　〕

ケース 18-7

● 副詞の呼応

解答▼別冊 p.40 ★★★

空欄には、共通する副詞が入る。あとに来る表現に注意しながら、ひらがな四字で答えなさい。

□ ▼それを、［　］この開化が内発的でもあるかのごとき顔をして、得意でいる人のあるのはよろしくない。

▼さらに、［　］この「開化」が「内発的」であるかのように主張する声が高くなりつつあるのも、漱石《そうせき》の時代に似通っている。

［　　　　］

ケース 18-8

● 品詞の識別

解答▼別冊 p.40 ★★★

三語の品詞を選択肢から選んで、記号で答えなさい。

□ ① 素直な ［　］

□ ② 決して ［　］

□ ③ あらゆる ［　］

ア 動詞　イ 形容詞

ウ 形容動詞　エ 名詞

オ 副詞　カ 接続詞

キ 連体詞　ク 助動詞

★特に117ページの「ない」の見分け方、119ページの「れる」「られる」の意味、124ページの副詞の呼応を、しっかり頭に入れておこう。

★121ページの「ら抜き言葉」や可能動詞の誤用にも注意。

敬語

これで合格

Part5

item 19

徹底解剖

敬語

入学前に敬語をマスターしよう

看護医療系専門学校の入試では、**敬語**に関する問題もよく出題されます。

看護医療職に従事する人が敬語をきちんと使えなければ、患者や医師とコミュニケーションを取るうえで困った事態になるのは当然です。敬語は、**医療の現場で仕事をするのに不可欠**だからこそ、入試に頻出するのです。

その一方で、高校生にとって、敬語で話す機会はあまりなく、敬語は不慣れで苦手な分野となっています。しかし、いずれ看護医療系専門学校に入学すれば敬語は必ず必要となりますので、今のうちにきちんと使えるようになっておきましょう。もちろん、入試合格の可能性も、ぐっと高まります。

敬語のマスターは…
早め早めがお得です♪

「謙譲語」という発想を理解しよう

敬語には、**尊敬語・謙譲語・丁寧語**の三種類があります。この中でいちばんややこしいと言われるのが、謙譲語です。動作の主体（＝主語）を敬う尊敬語と、表現を丁寧にする丁寧語は、理屈としても容易に理解できるでしょう。けれども、謙譲語は、**自分側を低めて相手を敬う**という一筋《ひとすじ》縄《なわ》では行かない言葉なのです。

私たちの日常生活の中には、謙譲語に通じる考え方が浸透しています。たとえば、「あなたの奥さんと息子さんはどういう人ですか」と質問されたら、欧米人なら「私の妻はスタイルがよく、息子はスポーツ万能で成績優秀です」とほめまくるでしょう。ところが、日本人は「私の妻は器量《きりょう》が悪くて、息子も出来が悪いんです」といった言い方をします。これは、**自分側の者を悪く言うことで、相手に敬意を表す**というもので、発想は謙譲語に通じます。日本人どうしの間には暗黙の了解がありますので、言われたほうも「いやいや、そんなことはありませんよ」と否定しますが、もし言葉どおりに受け取って「なるほど、確かに奥さんはブサイクだし、息子さんも頭が悪そうで汚らしいガキですな」などと言ってしまったら、その後の人間関係はたいへんなことになりかねません。

もう一つ例を示します。折にふれて粗品をもらうことがあると思いますが、「粗品」とは「粗末な品物」という意味です。ふつうに考えれば、人に贈るのは値打ちのある品物のはずです。なのに、なぜ「粗品」とよぶのかというと、**自分側の物を悪く言うことで、相手に敬意を表す**からで、これも発想は謙譲語に通じます。

謙譲語の仕組みはだいたいわかったでしょうか。**自分側を低めることによって相手に対する敬意を表す**――この点を理解することが大切です。

item 20

集中治療室

敬語のおさえどころ

敬語の種類

敬語には、**尊敬語・謙譲語・丁寧語の三種類**があります。

❶ **尊敬語**……**動作の主体**〈=主語〉に対する敬意を表します。

❷ **謙譲語**……**自分側を低める**〈=へりくだる〉ことによって、**動作の相手**〈=受け手〉に対する敬意を表します。

❸ **丁寧語**……表現を**丁寧**にします。要するに、上品に言うときに使う言葉です。おもな丁寧語は**「～です」「～ます」「～(で)ございます」**の三語です。

敬語というと、とにかく文末を「です」「ます」にすればいいと思っている人がいますが、そんなに単純なものではありません。特に、尊敬語と謙譲語の使い方は難しいので、入試でも**尊敬語と謙譲語がよく問われる**のです。

尊敬語・謙譲語

尊敬語・謙譲語は、二つの方法で作ることができます。

Ⓐ 該当する単語を、敬語専用の動詞に変更する。
Ⓑ 該当する単語以外の部分に、変更を加える。

ではさっそく「話す」という単語を二つの方法で尊敬語にかえてみましょう。

例 先生が**話す**。
⬅
Ⓐ 先生が**おっしゃる**。（「話す」という単語を「おっしゃる」に変更した）
Ⓑ 先生が**お話しになる**。（「話す」という単語は残し、「お〜になる」という形を加えた）

同じように、謙譲語も二つの方法で作れます。

例 先生に私が**話す**。
⬅
Ⓐ 先生に私が**申し上げる**。（「話す」という単語を「申し上げる」に変更した）
Ⓑ 先生に私が**お話しする**。（「話す」という単語は残し、「お〜する」という形を加えた）

Ⓐの方法を使えるようになるために、**敬語専用の動詞**を覚えましょう。敬語専用の動詞を**敬語動詞**といいます。その中でも左の表の語は入試頻出なので、**完璧に暗記する**ことが必要です。

通常の動詞	敬語動詞	
	尊敬動詞	謙譲動詞
言う・話す	おっしゃる	申し上げる 申す
する	なさる	いたす
行く・来る	いらっしゃる	参る うかがう
いる	いらっしゃる	おる
見る	ご覧になる	拝見する
食べる・飲む	召し上がる	いただく
もらう	×	いただく
やる	×	差し上げる
くれる	くださる	×
会う	×	お目にかかる
聞く	×	うかがう 承《うけたまわ》る

慣れたらしぜんに覚えられるよ。
←と先生がおっしゃる。
ウェーン、できるでしょうか。
←と先生に私が申し上げる。
こういうことか!

Ⓑの方法で使う二つの形については、**尊敬語と謙譲語の言い方を混同しないよう**にしましょう。

尊敬語……お～になる（ご～になる）
謙譲語……お～する（ご～する）

敬語の併用

尊敬語・謙譲語は、丁寧語と一緒に使うことができます。

例
《尊敬語＋丁寧語》　院長が**いらっしゃい**《尊敬語》**ます**《丁寧語》。
《謙譲語＋丁寧語》　私が**参り**《謙譲語》**ます**《丁寧語》。

「尊敬語＋尊敬語」「謙譲語＋謙譲語」というふうに同じ種類の敬語を二つ重ねて使う人は、けっこういる。しかし、過剰な敬語はくどくなるから、原則として**二重尊敬・二重謙譲は避ける**のが無難。ただし、「召し上がる＋お～になる」の**「お召し上がりになる」**や、「うかがう＋お～する」の**「おうかがいする」**という言い方は、OKとされている。

item 21

敬語の出題例

ケース 21-1

●敬語の種類

解答▼別冊 p.41

★★★

傍線部の敬語の種類を選択肢から選んで、記号で答えなさい。

☐① 何時頃いらっしゃいますか。［　　］

☐② 私がお宅へ参ります。［　　］

☐③ 遠慮なくいただきます。［　　］

☐④ ひと言お礼を申し上げたくて参りました。［　　］

☐⑤ お子様はお元気ですか。［　　］

☐⑥ お帰りになるのは何時頃ですか。［　　］

☐⑦ ありがとうございます。［　　］

ア 尊敬語

イ 謙譲語

ウ 丁寧語

ケース 21-2

●敬語の種類

解答▼別冊 p.41

★★★

謙譲語が含まれる文は○、含まれない文は×と答えなさい。

☐① こちらは見本でございます。［　　］

☐② 先日、偶然拝見しました。［　　］

☐③ よくご存じのことと思います。［　　］

☐④ 今、なんとおっしゃいましたか。［　　］

ケース 21-3

●「食べる」「聞く」

解答▼別冊 p.41

★★★

「食べる」「聞く」の謙譲語を選択肢から選んで、記号で答えなさい。

☐① 食べる［　　］

ア お食べになる　　イ 召し上がる

ウ いただく　　エ 食べられる

☑② 聞く

ア お聞きになる　イ 了解する　ウ うかがう

エ 尋ねる　オ 聞かれる

[　　]

ケース 21-4

● 「見る」「する」　解答▼別冊 *p. 41*　★★★

「見る」「する」をA尊敬語・B謙譲語・C丁寧語にかえなさい。

☑① 見る

A [　　]

B [　　]

C [　　]

☑② する

A [　　]

B [　　]

C [　　]

ケース 21-5

● 敬語の用法　解答▼別冊 *p. 41*　★★★★

敬語の使い方が不適切なものを一つ選んで、記号で答えなさい。

☑ ア ご不明な点は、当方へどうぞご遠慮なくお尋ねになってください。

イ このたびの件を承《うけたまわ》ってくださり、心より感謝申し上げます。

ウ ご伝言は、私から担当の者へ必ず申し伝えます。

エ 父が、来月おうかがいするつもりだと申しております。

[　　]

ケース 21-6

● 敬語の用法　解答▼別冊 *p. 42*　★★★★

敬語として適切なものを一つ選んで、記号で答えなさい。

☑ ア (電話をかけた相手が不在の場合)○○様が戻られましたら、電話をくださいと伝えてくれますか。

イ (客に対して)説明をさせていただきましたが、わかられましたか。

ウ (先輩に対して)テニスをやるんですか。

エ (手土産の菓子などを差し出すとき)よろしかったら、あなたからお子さんに差し上げてください。

オ (電話で)先日のご質問の件ですが、今月末をめどにご覧いただけるよう検討しております。

[　　]

ケース 21-7

● 敬語の用法

敬語の使い方が適当でない部分を三か所抜き出し、正しく直しなさい。

解答▼別冊 *p. 42*

★★★★

① 温かいうちにいただいてください。

② 父は今出かけております。

③ 先生が私に本をくださった。

④ 先生がお描きになった絵を見ました。

⑤ 間もなく校長先生がいらっしゃいます。

⑥ こちらから、月末までには連絡をなさいます。

[　　　　→　　　　]

[　　　　→　　　　]

[　　　　→　　　　]

ケース 21-8

● 敬語の用法

傍線部を正しい敬語に直しなさい。間違っていなければ、○と答えなさい。

解答▼別冊 *p. 42*

★★★★

（次は、病院外の人と看護師との間で行われた電話応対です。）

「○○会社の××です。猫田看護部長はいらっしゃいますか」

「○○会社の××様で①おりますね。猫田は本日、休みを取っております」

「そうですか。では、△△という用件を伝えてほしいのですが」

「②承知いたしました。△△と猫田に③おっしゃっておきます」

①[　　　　]

②[　　　　]

③[　　　　]

文学史

これで合格

Part6

item 22

徹底解剖

文学史

よく出るのは近代文学史

看護医療系専門学校の入試では、文学史は現代文の問題とセットで出題されることが多いため、**いちばんよく出るのは近代文学史**です。

流れの特徴をつかもう

近代文学史の出題内容を見ると、**作者**と**作品**を結びつけさせる問題が中心ですが、**作者の所属するグループ**を答えさせたり、大まかな**時代**を答えさせたり、**文学の流れ**を答えさせたりと、さまざまな問題が出ています。

ところが文学史を高校の授業で習うことはあまりないので、どうやって勉強したらいいかわからない人が多いのが現状です。作者と作品をやみくもに丸暗記しても、すぐ忘れてしまいますし、多様な問題に対応できません。

そのため本書では、時代ごとに、その時代の文学の流れをきちんと説明しました。思想もそうですが、文学の世界においても、ある考えのグループが主流になると、必ず反主流派が生まれてきます。この**「主流↔反主流」の関係を意識する**と、非常に理解しやすくなります。

古典・文学と外国・文学は出るポイントをおさえよう

古典文学の文学史も、思い出したように出題されます。その場合、作者名や作品名を漢字で書かされますので、**作者名と作品名を漢字で書けるようにしておく**必要があります。

本書では、古典文学についてはジャンル別に整理しました。覚えやすいようにゴロ合わせも載せています。

外国文学が出ることもありますが、ほとんどの場合、作者と作品の対応が問われる程度です。

文学史って…
覚えることがたくさんありそう。
この本にとってもわかりやすくまとめてあるから、心配ご無用！

item 23

集中治療室

文学史のおさえどころ

近代文学史

近代文学史では、**作者と作品をグループごとに覚える**ようにしましょう。

✚明治時代初期
江戸時代の続き

明治時代(約四五年間)の前半は、江戸時代の続きでした。日本は一挙に近代化したわけではないのです。
明治の初め頃は、江戸時代の**戯作**《げさく》や、自由民権運動に伴う**政治小説**ばかりが書かれました。

戯作	作者 仮名垣魯文《かながきろぶん》	作品 安愚楽鍋《あぐらなべ》
政治小説	作者 矢野龍渓《やのりゅうけい》	作品 経国美談《けいこくびだん》
	作者 東海散士《とうかいさんし》	作品 佳人之奇遇《かじんのきぐう》
啓蒙的な評論	作者 福沢諭吉《ふくざわゆきち》	作品 学問ノスヽメ

✚明治20年前後
近代小説の誕生

明治二〇年代の直前、江戸時代のままではだめだ、現実の人間をありのままに写せ、と主張する**写実主義**の評論『小説神髄《しょうせつしんずい》』(坪内逍遙《つぼうちしょうよう》)が現れます。逍遙はシェークスピアを日本に紹介したほか、「手本にワシが小説を書こう」と『当世書生気質《とうせいしょせいかたぎ》』を書きましたが、偉そうなことを言ったわりに失敗作でした。

教えを受け継いだ二葉亭四迷《ふたばていしめい》が近代小説の第一号『浮雲《うきぐも》』を書きます。それまでの小説は古文の文体で書かれていましたが、『浮雲』は話し言葉で書かれた最初の小説でした。話し言葉による文体を**言文一《げんぶんいっ》致《ち》体**といいます。

写実主義

〈評論〉 **作者** 坪内逍遙《つぼうちしょうよう》 **作品** 小説神髄《しょうせつしんずい》

〈小説〉 **作者** 二葉亭四迷《ふたばていしめい》 **作品** 浮雲《うきぐも》

✚ 明治20年代
紅露の時代

一方で、近代小説に反対する立場の人もいました。尾崎紅葉《おざきこうよう》や幸田露伴《こうだろはん》です。彼らは近代化・西洋化に批判的で、江戸趣味にこだわりました。これを**擬《ぎ》古《こ》典《てん》主義**といいます。紅葉は文学結社「硯友社《けんゆうしゃ》」を主宰しました。

擬古典主義

〈小説〉 **作者** 尾崎紅葉《おざきこうよう》 **作品** 二人比丘尼色懺悔《ににんびくにいろざんげ》／金色夜叉《こんじきやしゃ》（後に言文一致体で書かれた）

作者 幸田露伴《こうだろはん》 **作品** 風流仏《ふうりゅうぶつ》／五重塔《ごじゅうのとう》

✚ 明治20年代〜30年代前半
浪漫主義

二葉亭四迷の『浮雲』によって、文学の世界では、やっと江戸封建制の重石《おもし》が取り除かれました。話し言葉で自由に文学が書けるようになると、最初にテーマとなったのは愛や恋などのロマンチックな内容です。この頃の文学を、名前もそのまま**浪漫《ろうまん》主義**といいます。

愛や恋がテーマといえば詩歌を書きたくなる人が多いものですが、浪漫主義でも詩が多く書かれ、短歌では与謝野晶子《よさのあきこ》が一世を風靡《ふうび》しました。なお、同じ頃に正岡子規《まさおかしき》が、技巧によらない**写生**を主張し、短歌の革新を行っています。

✚明治30年代後半～40年代

自然主義

浪漫主義

〈小説〉作者 森鷗外《もりおうがい》　作品 舞姫《まいひめ》
作者 泉鏡花《いずみきょうか》　作品 高野聖《こうやひじり》／婦系図《おんなけいず》／歌行燈《うたあんどん》
作者 国木田独歩《くにきだどっぽ》　作品 武蔵野《むさしの》
作者 徳冨蘆花《とくとみろか》　作品 不如帰《ほととぎす》
作者 樋口一葉《ひぐちいちよう》　作品 たけくらべ／にごりえ／十三夜《じゅうさんや》
〈詩〉作者 北村透谷《きたむらとうこく》　作品 楚囚之詩《そしゅうのし》／蓬莱曲《ほうらいきょく》
作者 島崎藤村《しまざきとうそん》　作品 若菜集《わかなしゅう》
作者 森鷗外　作品 於母影《おもかげ》（訳詩集）
〈短歌〉作者 与謝野晶子《よさのあきこ》　作品 みだれ髪《がみ》……雑誌「明星《みょうじょう》」に発表。

写生

〈短歌〉作者 正岡子規《まさおかしき》　作品 歌《うた》よみに与《あた》ふる書《しょ》（短歌論）

その後、フランスの作家・ゾラの**自然主義**の影響で、日本でも自然主義が広まりますが、次第に方向がずれていきました。ドロドロと感情的で、人間の暗部や醜悪な面を描くことに終始し、社会的な視点が欠けているといわれます。しかし、日本人の感性に合っていて、明治後半の文壇の一大潮流となりました。

自然主義

〈小説〉作者 島崎藤村《しまざきとうそん》　作品 破戒《はかい》／家《いえ》／夜明《よあ》け前《まえ》
作者 田山花袋《たやまかたい》　作品 蒲団《ふとん》／田舎教師《いなかきょうし》
作者 徳田秋声《とくだしゅうせい》　作品 新世帯《あらじょたい》／黴《かび》
作者 正宗白鳥《まさむねはくちょう》　作品 何処《どこ》へ
作者 岩野泡鳴《いわのほうめい》　作品 耽溺《たんでき》

✚明治30年代後半～40年代
生活派

小説の分野で大流行となった自然主義の影響を受けた歌人に、若山牧水《わかやまぼくすい》がいます。また、自然主義的傾向の短歌に社会主義的な思想もとり入れて、新しい境地を開いたのが石川啄木《いしかわたくぼく》でした。現実生活を重視した創作活動は、**生活派**とよばれます。

自然主義＋生活派

〈短歌〉
- 作者 若山牧水《わかやまぼくすい》　作品 海《うみ》の声《こえ》
- 作者 石川啄木《いしかわたくぼく》　作品 一握《いちあく》の砂《すな》／悲《かな》しき玩具《がんぐ》

✚明治30年代後半～40年代
象徴詩

詩の分野で、浪漫《ろうまん》詩の次に出てきたのが**象徴詩《しょうちょうし》**です。フランスの象徴詩の影響で始まりましたが、小説のように「ドロドロ」の方向に行くことはありませんでした。

象徴詩

〈詩〉
- 作者 上田敏《うえだびん》　作品 海潮音《かいちょうおん》（訳詩集）
- 作者 蒲原有明《かんばらありあけ》　作品 春鳥集《しゅんちょうしゅう》
- 作者 薄田泣菫《すすきだきゅうきん》　作品 白羊宮《はくようきゅう》

✚明治40年代～大正時代
耽美派

自然主義に反旗を翻《ひるがえ》したのが**耽美《たんび》派**です。官能の美にひたる、美と快楽があればそれでよい、といった作品が並びます。詩人の北原白秋《きたはらはくしゅう》もこの流れの中にいて、雑誌「スバル」で活躍しました。

耽美派

〈小説〉
- 作者 永井荷風《ながいかふう》　作品 ふらんす物語《ものがたり》／すみだ川《がわ》
- 作者 谷崎潤一郎《たにざきじゅんいちろう》　作品 刺青《しせい》／春琴抄《しゅんきんしょう》／細雪《ささめゆき》

〈詩〉
- 作者 北原白秋《きたはらはくしゅう》　作品 邪宗門《じゃしゅうもん》

明治40年代〜大正時代
森鷗外と夏目漱石

文壇の巨匠ともくされる森鷗外《もりおうがい》と夏目漱石《なつめそうせき》は、自然主義に対抗して独自の道を進んだため、**余裕《よゆう》派**とよばれます。鷗外は浪漫主義でデビューしましたが、浪漫主義の枠におさまらず、大正時代以降は歴史小説を書きました。一方、漱石は近代人のエゴイズムを追求した人で、近代作家の中で最も読まれています。晩年にはエゴイズムを持たないことを意味する「則天去私《そくてんきょし》」という境地を追求するようになりました。

余裕派 〈小説〉
作者 森鷗外《もりおうがい》 作品 青年《せいねん》／雁《がん》／高瀬舟《たかせぶね》／渋江抽斎《しぶえちゅうさい》
作者 夏目漱石《なつめそうせき》 作品 吾輩《わがはい》は猫《ねこ》である／坊《ぼ》っちゃん／道草《みちくさ》／明暗《めいあん》

明治40年代〜大正時代
ホトトギス派

夏目漱石は正岡子規《まさおかしき》の友人で、俳句を子規に学んでいました。ところが子規が三四歳で病死してしまい、漱石は大ショックを受けます。傷心の漱石に「先生、小説でも書いて気分転換したらどうですか」と勧めたのが、子規の作った俳句雑誌**「ホトトギス」**を受け継いだ高浜虚子《たかはまきょし》でした。虚子の勧めで書いた『吾輩は猫である』が大ヒットしたため、もともと英文学者だった夏目漱石は、三八歳の遅咲きで文壇デビューしたのでした。

ホトトギス派 〈俳句〉
作者 正岡子規《まさおかしき》 作品 病床六尺《びょうしょうろくしゃく》（随筆集）
作者 高浜虚子《たかはまきょし》 作品 鶏頭《けいとう》（小説集）

明治時代末〜大正時代
白樺派

大正時代といえば、「大正デモクラシー」。自由で豊かな時代だったため、ひたすら「ドロドロ」だった自然主義に対して、理想的な人格を目指す**白樺《しらかば》派**が登場します。白樺派は学習院出身で上流階級に育ったお坊ちゃまの一派です。ですから、少々世間知らずなところがあるのは、しかたありません。詩人の高村光太郎《たかむらこうたろう》もこの流れの近くにいました。それまでの詩は文語《ぶんご》調で書かれていましたが、光太郎は日常の言葉を使って口語《こうご》自由詩を書きました。

白樺派の流れ

〈小説〉
作者 志賀直哉《しがなおや》　作品 和解《わかい》／城《き》の崎《さき》にて／暗夜行路《あんやこうろ》
作者 武者小路実篤《むしゃのこうじさねあつ》　作品 お目出《めで》たき人／その妹《いもうと》（戯曲）
作者 有島武郎《ありしまたけお》　作品 或《あ》る女《おんな》／惜《お》しみなく愛《あい》は奪《うば》ふ（評論）

〈詩〉
作者 高村光太郎《たかむらこうたろう》　作品 道程《どうてい》／智恵子抄《ちえこしょう》

理知派《りち》とよばれるグループも反自然主義です。優れた技巧と知性によって新しい文学を生み出そうとするグループで、代表的作家は芥川龍之介《あくたがわりゅうのすけ》です。芥川と友人の菊池寛《きくちかん》は雑誌「新思潮《しんしちょう》」で活動していたので、理知派の中でも特に**新思潮《しんしちょう》派**とよばれることがあります。菊池寛は、芥川の死後、芥川賞を創設しました。また、佐藤春夫《さとうはるお》や室生犀星《むろうさいせい》は雑誌「三田文学《みたぶんがく》」で活動していたので、**三田《みた》派**ともよばれます。詩人の萩原朔太郎《はぎわらさくたろう》は理知派の流れに近く、口語自由詩を完成させました。

理知派

〈小説〉
作者 芥川龍之介《あくたがわりゅうのすけ》　作品 鼻《はな》／羅生門《らしょうもん》／地獄変《じごくへん》／河童《かっぱ》
作者 菊池寛《きくちかん》　作品 父帰《ちちかえ》る（戯曲）／忠直卿行状記《ただなおきょうぎょうじょうき》
作者 佐藤春夫《さとうはるお》　作品 田園《でんえん》の憂鬱《ゆううつ》
作者 室生犀星《むろうさいせい》　作品 性《せい》に眼覚《めざ》める頃《ころ》／幼年時代《ようねんじだい》

〈詩〉
作者 室生犀星　作品 抒情小曲集《じょじょうしょうきょくしゅう》／愛《あい》の詩集《ししゅう》

理知派の流れ

〈詩〉
作者 萩原朔太郎《はぎわらさくたろう》　作品 月《つき》に吠《ほ》える／青猫《あおねこ》

✚大正時代

アララギ派

ホトトギス派

大正時代の詩人には、特に何派にも属さなかった宮澤賢治《みやざわけんじ》がいます。

大正時代の短歌は、**アララギ派**が主流となります。伊藤左千夫《いとうさちお》は正岡子規《まさおかしき》の後継者で、短歌雑誌「アララギ」を作ったのですが、『野菊《のぎく》の墓《はか》』という小説のほうが有名です。長塚節《ながつかたかし》もアララギ派の歌人ですが、こちらも小説『土』のほうが有名です。

俳句では五七五のリズムにとらわれない**自由律《じゆうりつ》俳句**を河東碧梧桐《かわひがしへきごとう》が提唱し、その一方、正岡子規の弟子の高浜虚子《たかはまきょし》が俳句雑誌**「ホトトギス」**を受け継いで、自由律に対抗しました。

- **グループに属さず** 〈詩〉 作者 宮澤賢治《みやざわけんじ》 作品 春《はる》と修羅《しゅら》／注文《ちゅうもん》の多《おお》い料理店《りょうりてん》（童話集）
- **アララギ派** 〈短歌〉 作者 伊藤左千夫《いとうさちお》 作品 野菊《のぎく》の墓《はか》（小説）
  - 作者 長塚節《ながつかたかし》 作品 土《つち》（小説）
  - 作者 斎藤茂吉《さいとうもきち》 作品 赤光《しゃっこう》／あらたま
- **自由律俳句** 〈俳句〉 作者 河東碧梧桐《かわひがしへきごとう》
- **ホトトギス派** 〈俳句〉 作者 高浜虚子《たかはまきょし》

✚昭和時代前半

プロレタリア文学

時代が昭和になると、社会の矛盾が浮き彫りになってきて、それと対決しようとする**プロレタリア文学**が大流行しました。「プロレタリア」とは「労働者」のことです。

- **プロレタリア文学** 〈小説〉 作者 小林多喜二《こばやしたきじ》 作品 蟹工船《かにこうせん》
  - 作者 宮本百合子《みやもとゆりこ》 作品 伸子《のぶこ》／播州平野《ばんしゅうへいや》
  - 作者 葉山嘉樹《はやましき》 作品 海《うみ》に生《い》くる人々《ひとびと》

✚ **昭和時代前半**
新感覚派
新興芸術派
新心理主義

作者 徳永直《とくながすなお》　作品 太陽《たいよう》のない街《まち》
作者 中野重治《なかのしげはる》　作品 歌《うた》のわかれ

政治的主張のプロレタリア文学に対して、ひたすら芸術の世界を追求したのが**新感覚派・新興《しんこう》芸術派・新心理主義**です。新心理主義は、人間の心理・意識の変化それ自体をストーリーの流れとして描きました。

詩では、現代の雰囲気にもぴったりの作品が多い、**四季《しき》派**の中原中也《なかはらちゅうや》がいます。

俳句では、主流だったホトトギス派に対抗して、水原秋桜子《みずはらしゅうおうし》が**新興《しんこう》俳句運動**を提唱しました。

ここで説明した各グループは、「反主流」という言葉でひとくくりにできそうです。

新感覚派
〈小説〉作者 川端康成《かわばたやすなり》　作品 伊豆《いず》の踊子《おどりこ》／雪国《ゆきぐに》／千羽鶴《せんばづる》……ノーベル賞作家。
作者 横光利一《よこみつりいち》　作品 日輪《にちりん》／春《はる》は馬車《ばしゃ》に乗《の》って

新興芸術派
〈小説〉作者 井伏鱒二《いぶせますじ》　作品 山椒魚《さんしょううお》／黒《くろ》い雨《あめ》
作者 梶井基次郎《かじいもとじろう》　作品 檸檬《れもん》

新心理主義
〈小説〉作者 堀辰雄《ほりたつお》　作品 聖家族《せいかぞく》／風立《かぜた》ちぬ

四季派
〈詩〉作者 中原中也《なかはらちゅうや》　作品 山羊《やぎ》の歌《うた》／在《あ》りし日《ひ》の歌《うた》

新興俳句運動
〈俳句〉作者 水原秋桜子《みずはらしゅうおうし》　作品 葛飾《かつしか》

✚ 昭和20年代以降

戦後文学

第二次世界大戦後にもたくさんの優れた作品が生み出されています。戦後の文学は、グループに分けて理解するより、有名な作者と作品を覚えておくほうがよいでしょう。ノーベル賞を受賞した大江《おおえ》健三郎《けんざぶろう》は必ずおさえておきましょう。

戦後文学

〈小説〉

作者 太宰治《だざいおさむ》 **作品** 走《はし》れメロス（戦前に書かれた）／斜陽《しゃよう》／人間失格《にんげんしっかく》

作者 三島由紀夫《みしまゆきお》 **作品** 仮面《かめん》の告白《こくはく》／金閣寺《きんかくじ》

作者 大岡昇平《おおおかしょうへい》 **作品** 俘虜記《ふりょき》／野火《のび》

作者 大江健三郎《おおえけんざぶろう》 **作品** 死者《ししゃ》の奢《おご》り／飼育《しいく》……ノーベル賞作家。

お疲れさま。
ひと息いれてね。

✚ 歌物語と作り物語

古典文学史では、**作品のジャンルとその流れをつかむ**ことが大切です。おもな作品については、覚え方の「処方せん」としてゴロ合わせを載せてみましたので、利用してください。

歌物語は、和歌を中心にすえて、その歌が詠まれた背景について書かれた物語です。一方、**作り物語**は、「創作した物語」という意味で、フィクション(＝架空)の物語です。これら両方の要素をとり入れた集大成が、紫式部《むらさきしきぶ》の**『源氏《げんじ》物語』**です。すべて平安時代の作品です。

歌物語

✚処方せん　**伊勢も　大和も　平野の中**

伊勢《いせ》物語…主人公のモデルは在原業平《ありわらのなりひら》。女性にモテモテの主人公が歌を詠みます。

↓

大和《やまと》物語…いろいろな話が集められたオムニバス形式。

↓

平中《へいちゅう》物語…主人公は平貞文《たいらのさだふん》。『伊勢物語』と反対に、女性にふられまくります。

作り物語

✚処方せん　**竹で　うつ　落ちるボール**

竹取《たけとり》物語…かぐや姫の物語。

↓

宇津保《うつほ》物語…琴をめぐる物語。

↓

落窪《おちくぼ》物語…継子《ままこ》いじめの物語。

集大成の物語

源氏《げんじ》物語(紫式部《むらさきしきぶ》)…主人公は光源氏《ひかるげんじ》。五四帖《じょう》から成る長編物語。

✚ 随筆

随筆は、平安時代から鎌倉時代にかけて書かれた三つの作品をまとめて覚えておきましょう。いわゆる「三大随筆」です。作者名は漢字で書かされますので、三人ともしっかり書けるようにしてください。

随筆　✚処方せん　**枕の　ほ　つれ**

← **枕草子**《まくらのそうし》（清少納言《せいしょうなごん》／平安時代）
← **方丈記**《ほうじょうき》（鴨長明《かものちょうめい》／鎌倉時代初期）
← **徒然草**《つれづれぐさ》（兼好法師《けんこうほうし》／鎌倉時代末期）

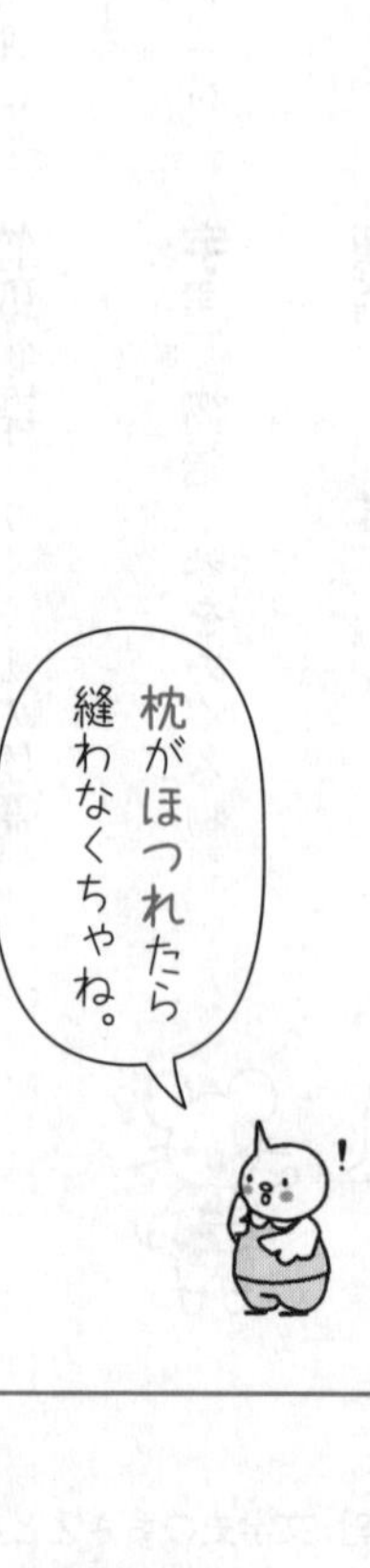
枕がほつれたら縫わなくちゃね。

✚ 歴史物語

人というものは、絶頂期を過ぎると過去の栄光を振り返りたくなるものです。**歴史物語**も、貴族政治がピークを過ぎた頃から書かれるようになりました。『栄華《えいが》物語』は藤原道長《ふじわらのみちなが》をただひたすら絶賛する作品ですが、『大鏡《おおかがみ》』は道長を堂々と批判し、歴史の裏面に迫る傑作となりました。好評だったので、さらにその後、『大鏡』の形式を継ぐ『〇鏡』という作品が三つ書かれています。

歴史物語　✚処方せん　**えいがに　だい　こん（↑大・今）役者が　水《みず》増《ま》し　出演**

← **栄華**《えいが》**物語**（赤染衛門《あかぞめえもん》／平安時代）
← **大鏡**《おおかがみ》（平安時代）→**今鏡**《いまかがみ》（平安時代）→**水鏡**《みずかがみ》（鎌倉時代）→**増鏡**《ますかがみ》（室町時代）

映画に出るのがダイコン役者とは！

✚日記

漢文で記された実用的な記録とは別に、日々の出来事や思いがかな文字でつづられた、文学としての**日記**があります。紀貫之《きのつらゆき》の『土佐《とさ》日記』以外は、女性が書きました。藤原道綱母《ふじわらのみちつなのはは》の『蜻蛉《かげろう》日記』と菅原孝標女《すがわらのたかすえのむすめ》の『更級《さらしな》日記』は混同しやすいので注意しましょう。紀貫之は『古今和歌集』の撰者としても有名です。

日記

✚処方せん **都会（↑と・か・い）では　ささ　いな　あらそい**

（「あらそい」の「あ」は「阿仏尼《あぶつに》」）

土佐《とさ》日記（紀貫之《きのつらゆき》／平安時代）

←

蜻蛉《かげろう》日記（藤原道綱母《ふじわらのみちつなのはは》／平安時代）

←

和泉式部《いずみしきぶ》日記（和泉式部／平安時代）

←

更級《さらしな》日記（菅原孝標女《すがわらのたかすえのむすめ》／平安時代）

←

讃岐典侍《さぬきのすけ》日記（讃岐典侍／平安時代）

←

十六夜《いざよい》日記（阿仏尼《あぶつに》／鎌倉時代）

都会では
ささいなあらそいが
絶えないようです。

説話は、もともとは僧が説教をするためのネタ本でしたが、当時の生活ぶりがよくわかり、おもしろい話も多く、長く読み親しまれています。

説話

処方せん　日本 産のクルマが 今 宇治を 出発す。十五車《じゅうごしゃ》 納入

(「十五車《じゅうごしゃ》」の「五《ご》」は『古今著聞集《ここんちょもんじゅう》』の「古《こ》」のつもりです……汗)

日本霊異記《にほんりょういき》(景戒《きょうかい(けいかい)》／平安時代)

↓

三宝絵詞《さんぼうえことば》(源 為憲《みなもとのためのり》／平安時代)

↓

今昔《こんじゃく》物語集(平安時代)

↓

宇治拾遺《うじしゅうい》物語(鎌倉時代)

発心集《ほっしんしゅう》(鴨長明《かものちょうめい》／鎌倉時代)

↓

十訓抄《じっきんしょう》(六波羅二臈左衛門《ろくはらじろうざえもん》／鎌倉時代)

↓

古今著聞集《ここんちょもんじゅう》(橘 成季《たちばなのなりすえ》／鎌倉時代)

↓

沙石集《しゃせきしゅう》(無住《むじゅう》／鎌倉時代)

日本産のクルマが今……あれっ？次は何だっけ。

和歌集は、三つの和歌集を覚えておきましょう。これらのいわゆる「三大和歌集」は、それぞれの時代を反映しています。『万葉集《まんようしゅう》』は最も時代が古いので、素朴《そぼく》でおおらか。貴族の全盛期にできた『古《こ》今《きん》和歌集』は、女性的でテクニック主体。武士の時代の鎌倉時代にできた『新《しん》古《こ》今《きん》和歌集』は、貴族の夢が過去と幻想の世界にしかなく、そのため感覚的で幻想的な歌風です。それぞれの和歌集の代表的な歌人を選択肢から選ばせる問題もときどき出ていますので、チェックしておきましょう。

和歌集

万葉集《まんようしゅう》
成立 奈良時代 編者 大伴家持《おおとものやかもち》 作風 素朴でおおらか。男性的。
代表的歌人 額田王《ぬかたのおおきみ》／柿本人麻呂《かきのもとのひとまろ》／大伴旅人《おおとものたびと》／山上憶良《やまのうえのおくら》

↓

古《こ》今《きん》和歌集
成立 平安時代 撰者 紀貫之《きのつらゆき》ほか 作風 繊細で緻密《ちみつ》な技巧。女性的。
代表的歌人 在原業平《ありわらのなりひら》／小野小町《おののこまち》／伊勢《いせ》

↓

新《しん》古《こ》今《きん》和歌集
成立 鎌倉時代 撰者 藤原定家《ふじわらのていか(さだいえ)》ほか 作風 感覚的。幻想的。
代表的歌人 藤原俊成《ふじわらのしゅんぜい(としなり)》／西行《さいぎょう》

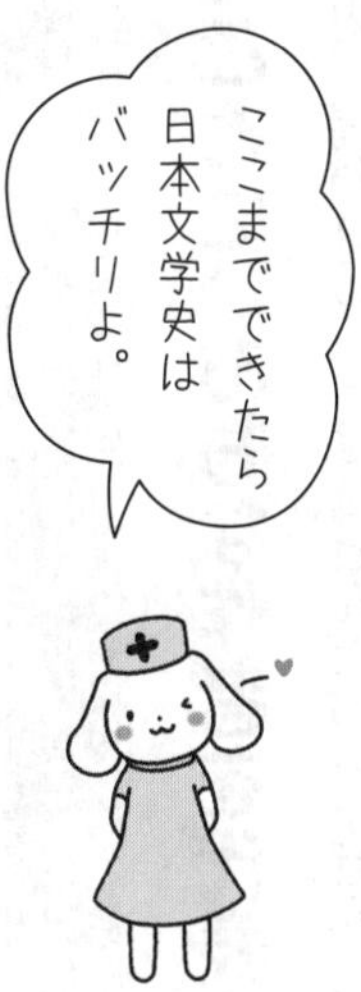
ここまでできたら日本文学史はバッチリよ。

最後に、外国の文学です。**国ごとに、おもな作者を代表作品とともに覚えるようにしましょう。**外国の文学史が問われることはほとんどありません。

イギリス
作者 シェークスピア 作品 ロミオとジュリエット／真夏《まなつ》の夜《よ》の夢《ゆめ》／ヴェニスの商人《しょうにん》／オセロ／マクベス
作者 デフォー 作品 ロビンソン・クルーソー
作者 スウィフト 作品 ガリバー旅行記《りょこうき》
作者 エミリー・ブロンテ 作品 嵐《あらし》が丘《おか》

フランス
作者 アレクサンドル・デュマ 作品 三銃士《さんじゅうし》
作者 スタンダール 作品 赤《あか》と黒《くろ》
作者 ヴィクトル・ユゴー 作品 レ・ミゼラブル
作者 モーパッサン 作品 女《おんな》の一生《いっしょう》
作者 カミュ 作品 異邦人《いほうじん》

ドイツ
作者 ゲーテ 作品 若《わか》きウェルテルの悩《なや》み
作者 ヘルマン・ヘッセ 作品 車輪《しゃりん》の下《した》

ロシア
作者 ドストエフスキー 作品 罪《つみ》と罰《ばつ》
作者 トルストイ 作品 アンナ・カレーニナ

『赤毛のアン』はマイ愛読書。

アメリカ

作者 トウェイン 作品 トム・ソーヤーの冒険《ぼうけん》
作者 ヘミングウェイ 作品 武器《ぶき》よさらば／誰《た》がために鐘《かね》は鳴《な》る
作者 ミッチェル 作品 風《かぜ》と共《とも》に去《さ》りぬ
作者 サリンジャー 作品 ライ麦畑《むぎばたけ》でつかまえて

中国

作者 魯迅《（ろじん）》《ルーシュン》 作品 阿Q正伝《あきゅーせいでん》

カナダ

作者 モンゴメリ 作品 赤毛《あかげ》のアン

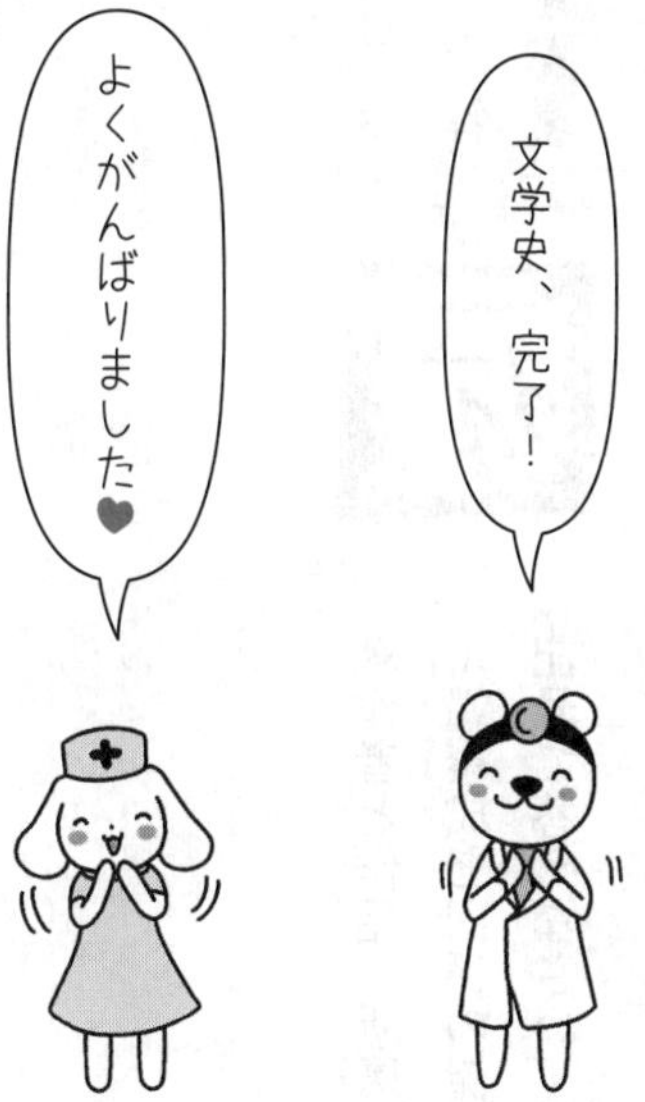
文学史、完了！
よくがんばりました♥

item 24 文学史の出題例

ケース 24-1

●作者と作品［近代文学史］ 解答▼別冊 p.43 ★★★

夏目漱石《なつめそうせき》の作品を選択肢から一つ選んで、記号で答えなさい。

☑

ア 春琴抄《しゅんきんしょう》　イ 一握《いちあく》の砂
ウ 金閣寺《きんかくじ》　エ 草枕《くさまくら》
オ 春と修羅《しゅら》

［　　］

ケース 24-2

●作者と作品［近代文学史］ 解答▼別冊 p.43 ★★★

森鷗外《もりおうがい》の作品でないものを選択肢から一つ選んで、記号で答えなさい。

☑

ア 舞姫《まいひめ》　イ 青年
ウ 高瀬舟《たかせぶね》　エ 明暗
オ 雁《がん》

［　　］

ケース 24-3

●作者と作品と所属［近代文学史］ 解答▼別冊 p.43 ★★★

川端康成《かわばたやすなり》と関係の深いものを選択肢から二つ選んで、記号で答えなさい。

☑

ア 雪国　イ 蟹工船《かにこうせん》
ウ 風立ちぬ　エ 田舎《いなか》教師
オ 新思潮派　カ 白樺派《しらかば》
キ 新感覚派　ク 余裕派

［　　］［　　］

ケース 24-4

●作者と作品［近代文学史］ 解答▼別冊 p.43 ★★★

高村光太郎《たかむらこうたろう》の詩集を選択肢から一つ選んで、記号で答えなさい。

☑

ア 智恵子抄《ちえこしょう》　イ 若菜集《わかな》
ウ 邪宗門《じゃしゅうもん》　エ 月に吠《ほ》える

［　　］

ケース 24-5

●作者と作品［近代文学史］ 解答▼別冊 *p.* 43 ★★★

正岡子規《まさおかしき》と関係の深いものを選択肢から二つ選んで、記号で答えなさい。

ア ホトトギス　イ 小説神髄《しんずい》
ウ 歌よみに与ふる書　エ 赤光《しゃっこう》　［　　］［　　］

ケース 24-6

●作者と作品［近代文学史］ 解答▼別冊 *p.* 43 ★★★

坪内逍遙《つぼうちしょうよう》の作品と、坪内逍遙と関係の深い人物を、選択肢から一つずつ選んで、記号で答えなさい。

〈作品〉
ア 舞姫《まいひめ》　イ 浮雲《うきぐも》
ウ 小説神髄《しんずい》　エ かくれんぼ　［　　］

〈人物〉
A ゲーテ　B モーツアルト
C シェークスピア　D アインシュタイン　［　　］

ケース 24-7

●作品と作者［近代文学史］ 解答▼別冊 *p.* 44 ★★★

各作品の説明と作者を選択肢から一つずつ選んで、記号で答えなさい。

① 門《もん》　［　　］［　　］
② 伊豆《いず》の踊子《おどりこ》　［　　］［　　］
③ たけくらべ　［　　］［　　］
④ 城《き》の崎《さき》にて　［　　］［　　］
⑤ 浮雲《うきぐも》　［　　］［　　］

〈説明〉
ア 言文一致体の最初の小説。
イ 『三四郎《さんしろう》』『それから』と合わせて三部作となる。
ウ 心境小説といわれる短編。
エ 明治期随一の女性作家の作品。
オ 新感覚派を代表する作者の青春小説。

〈作者〉
A 樋口一葉《ひぐちいちよう》
B 志賀直哉《しがなおや》
C 二葉亭四迷《ふたばていしめい》
D 夏目漱石《なつめそうせき》
E 川端康成《かわばたやすなり》

ケース 24-8

● 作品と作者と時代［近代文学史］　解答▼別冊 p. 44　★★★

各作品の作者と成立した時代を選択肢から一つずつ選んで、記号で答えなさい。

□① たけくらべ　［　　］［　　］

□② 仮面の告白　［　　］［　　］

□③ 学問ノスヽメ　［　　］［　　］

□④ 雪国　［　　］［　　］

□⑤ 明暗　［　　］［　　］

〈作者〉

ア　坪内逍遙《つぼうちしょうよう》　　イ　福沢諭吉《ふくざわゆきち》

ウ　与謝野晶子《よさのあきこ》　　エ　川端康成《かわばたやすなり》

オ　樋口一葉《ひぐちいちよう》　　カ　芥川龍之介《あくたがわりゅうのすけ》

キ　島崎藤村《しまざきとうそん》　　ク　夏目漱石《なつめそうせき》

ケ　三島由紀夫《みしまゆきお》　　コ　大江健三郎《おおえけんざぶろう》

〈時代〉

A　明治時代前期　　B　明治時代後期

C　大正時代　　D　昭和時代戦前

E　昭和時代戦後

ケース 24-9

● 作者［近代文学史］　解答▼別冊 p. 44　★★★

次の説明にふさわしい人物の名前を漢字で書きなさい。

□ 東京大学の学生のとき、「新思潮」に発表した『鼻』が夏目《なつめ》漱石《そうせき》に認められ、文壇にデビューしました。他に『羅生門《らしょうもん》』『地獄変《じごくへん》』などの作品があります。　［　　　　］

ケース 24-10

● 文学の流れ［近代文学史］　解答▼別冊 p. 44　★★★

空欄に入る人物を選択肢から一人ずつ選んで、記号で答えなさい。

□ 明治三〇年代後半から写実主義が胎動していたが、日露戦争後、①の『破戒』が自然主義の出発を告げ、②の『蒲団《ふとん》』に至ってそれが確立された。

自然主義全盛の中にあって、豊かな西欧的知性にもとづき、批判的な立場から別種の近代文芸をうちたてたのが、『雁《がん》』などの著作がある③と、④である。

自然主義の成立よりわずかに遅れ、ほとんど並行的に、永井荷風《ながいかふう》や⑤たちの耽美《たんび》派がおこり、自然主義に対抗して、反俗精神を示した。詩においては［⑥］と木下杢太《きのしたもくた》郎《ろう》がこの傾向を代表する。

自然主義に対し、個性の尊重と生命の表現を目指す理想主義がおこった。その代表者が、学習院出身の若いグループ、白樺《しらかば》派であった。武者小路《むしゃのこうじ》実篤《さねあつ》や［⑦］など、上層知識人の楽観的な人間肯定は、近代精神をゆがめ人間性を抑圧した現実を克服するには、少し脆弱《ぜいじゃく》だった。

ア　森鷗外《もりおうがい》
イ　谷崎潤一郎《たにざきじゅんいちろう》
ウ　北原白秋《きたはらはくしゅう》
エ　田山花袋《たやまかたい》
オ　志賀直哉《しがなおや》
カ　島崎藤村《しまざきとうそん》
キ　夏目漱石《なつめそうせき》

①［　　］　②［　　］
③［　　］　④［　　］
⑤［　　］　⑥［　　］
⑦［　　］

ケース 24-11

●冒頭文と作者［近代文学史］　解答▼別冊 p.44　★★★

次の三つの文章は、それぞれ文学作品の冒頭部分である。その作品の作者を選択肢から一人ずつ選んで、記号で答えなさい。

☐ ① メロスは激怒した。必ず、かの邪知暴虐《じゃちぼうぎゃく》の王を除かねばならぬと決意した。［　　］

☐ ② 山椒魚《さんしょううお》は悲しんだ。彼は彼の棲家《すみか》である岩屋から外へ出てみようとしたのであるが、頭が出口につかへて外へ出ることができなかったのである。［　　］

☐ ③ 国境の長いトンネルを抜けると雪国であった。夜の底が白くなった。［　　］

ア　太宰治《だざいおさむ》　イ　志賀直哉《しがなおや》
ウ　井伏鱒二《いぶせますじ》　エ　安岡章太郎《やすおかしょうたろう》
オ　三島由紀夫《みしまゆきお》　カ　川端康成《かわばたやすなり》

ケース 24-12

●作者［古典文学史］　解答▼別冊 p.44　★★★

『枕草子《まくらのそうし》』の作者の名前を、漢字で書きなさい。

☐ ［　　］

ケース 24-13

●作品［古典文学史］ 解答▼別冊 p.45 ★★★

日本の古典文学で「三大随筆」とよばれる作品を、三作すべて、漢字で書きなさい。

［　　］
［　　］
［　　］

ケース 24-14

●作品と時代［古典文学史］ 解答▼別冊 p.45 ★★★

『徒然草《つれづれぐさ》』以前に成立した作品を選択肢から選んで、記号で答えなさい。（複数解答可）

ア 病床六尺《びょうしょうろくしゃく》　イ 方丈記《ほうじょうき》
ウ 奥《おく》の細道《ほそみち》　エ 枕草子《まくらのそうし》

［　　］

ケース 24-15

●作品と作者［古典文学史］ 解答▼別冊 p.45 ★★★

『古今和歌集《こきん》』の代表的な歌人を選択肢から一人選んで、記号で答えなさい。

ア 藤原俊成《ふじわらのしゅんぜい（としなり）》　イ 大伴家持《おおとものやかもち》　ウ 在原業平《ありわらのなりひら》
エ 西行《さいぎょう》　オ 柿本人麻呂《かきのもとのひとまろ》

［　　］

ケース 24-16

●作品と作者［外国の文学］ 解答▼別冊 p.45 ★★★

各作品の作者を選択肢から一人ずつ選んで、記号で答えなさい。

① 阿Q正伝《あきゅーせいでん》［　　］
② 三銃士［　　］
③ 赤毛のアン［　　］
④ 誰《た》がために鐘は鳴る［　　］

A モンゴメリ
B アレクサンドル・デュマ
C ヘミングウェイ
D 魯迅《ルーシュン（ろじん）》

ケース 24-17

●作者［外国の文学］ 解答▼別冊 p.45 ★★★

フランスの作家を選択肢から一人選んで、記号で答えなさい。

A サリンジャー
B サルトル
C ヘミングウェイ
D トウェイン

［　　］

国語常識しあげのテスト

これで合格

Part7

item 25 模擬テスト

解答時間60分
目標点数80点(100点満点)
解答▼別冊 p.46

1 次の文章を読んで、あとの問いに答えなさい。なお、解答は楷書で丁寧に書くこと。

私はこの世に生《うま》れた以上①何かしなければならん、といって何をして好《よ》いか少しも［A］がつかない。私はちょうどキリの中に閉じ込められたコドクの人間のように立ち竦《すく》んでしまったのです。そうしてどこからか一筋の日光が射して来ないかしらんという希望よりも、こちらから探照灯を用いてたった一条《ひとすじ》で好いから先まで明らかに見たいという気がしました。ところが不幸にしてどちらの方角を眺めてもぼんやりしているのです。ぼうっとしているのです。［B］嚢《ふくろ》の中に詰められて出る事のできない人のような気持《きもち》がするのです。私は私の手にただ一本の錐《きり》さえあればどこか一カ所突き破って見せるのだがと、焦り抜いたのですが、［C］その錐は人から与えられる事もなく、また自分で発見する訳にも行かず、ただ腹の底ではこの先自分はどうなるだろうと思って、人知れず陰鬱な日を送ったのであります。

私はこうした不安を抱《いだ》いて大学を卒業し、同じ不安を連れて松山から熊本へ引っ越し、また②同様の不安を胸の底に畳んでついに外国まで渡ったのであります。しかしいったん外国へ留学する以上は多少の責任を新たにジカクさせられるにはきまっています。それで私はできるだけ［D］を折って何かしようと努力しました。しかしどんな本を読んでもイゼンとして自分は嚢の中から出る訳に参りません。この嚢を突き破る錐は③倫敦《ロンドン》中探して歩いても見つかりそうになかったのです。私は下宿の一間《ひとま》の中で考えました。④つまらないと思いました。いくら書物を読んでも［E］の足しにはならないのだと諦めました。同時に何のために書物を読むのか自分でも⑤その意味が解らなくなって来ました。

（「私の個人主義」による）

問1 ‖線部a〜hの漢字の部分はその読みをひらがなで書き、カタカナの部分は漢字に直しなさい。(2点×8)

a［　］ b［　］
c［　］ d［　］
e［　］ f［　］
g［　］ h［　］

問2　空欄Aに入れるのにふさわしい熟語を、次の中から一つ選びなさい。（2点）　［　　］

ア　成功　イ　目測　ウ　見当　エ　目標　オ　到達

問3　空欄Bに入れるのにふさわしいひらがな四字の副詞を答えなさい。（2点）　［　　］

問4　空欄Cに入れるのに最もふさわしい語を、次の中から一つ選びなさい。（2点）　［　　］

ア　おそらく　イ　あいにく　ウ　たとえ

エ　断じて　オ　ちょうど

問5　空欄D・Eに入れるのにふさわしい漢字を、次の中から一つずつ選びなさい。（2点×2）　D［　　］　E［　　］

頭　皮　顔　血　骨　手　足　背　胸　腹

問6　〰〰線部x「希望」、y「不幸」、z「不安」について、対義語を漢字二字で書きなさい。ただし、次の例にならって、漢字二字のうち一字が共通する対義語を作ること。（2点×3）

〈例〉　偶然↔必然

x［　　］　y［　　］　z［　　］

問7　――線部①「何かしなければならん」という気持ちを具体的に述べている部分を、本文中から三〇字以上、三五字以内で抜き出しなさい。（3点）

（解答欄：30）

問8　――線部②「同様の不安」とは、どのような不安か。ふさわしいものを、次の中から一つ選びなさい。（3点）　［　　］

ア　大学を卒業して松山に引っ越しはしたものの、これから先どうやって生計を立てるかという不安。

イ　外国へ留学する以上は責任を要求されるので、なんとか留学を取り消せないかという不安。

ウ　どんな本を読んだら自分の将来がわかるのかはっきりせず、本が探せなくなるという不安。

エ　自分が何をすべきか明らかにしたいものの、それがなかなかわからない不安。

問9　――線部③「倫敦中探して歩」くという意味とよく似た意味を表す四字熟語が二つある。次の空欄に漢字を一字ずつ入れて、その四字熟語を完成させなさい。（2点×2）

(1)　□奔□走　［　　］［　　］

(2)　□船□馬　［　　］［　　］

問10　――線部④「つまらないと思いました」とあるが、なぜ筆者はこのような気持ちになったのか。ふさわしいものを、次の中から一つ選びなさい。（3点）　［　　］

ア　いくら書物を読んでも、自分の心に響く真理が発見できなかったから。

イ　倫敦に期待をして来たのに、歩いてみると退屈な街だったから。

ウ　書物を読めば読むほど理解できなくなり、何のための読書なのかと思ったから。

エ　嚢を突き破る錐を探すには、専門の職人でないとだめだということがわかったから。

問11　――線部⑤「その」の品詞を答えなさい。（2点）　［　　］

問12　この文章の出典である「私の個人主義」を書いた人物は、次のような経歴を持っている。これを読んで、あとの⑴～⑶に答えなさい。

　当初は英文学者であったが、イギリス留学を経て発表した小説『吾輩《わがはい》は猫である』が評判となり、その後『坊《ぼ》っちゃん』『三四郎《さんしろう》』『それから』と小説を次々と発表する。当時の文壇の主流であった自然主義とは一線を画し、森鷗外《もりおうがい》と並んで余裕派とよばれた。

⑴　この人物を、次の中から選びなさい。（2点）　［　　］

ア　坪内逍遙《つぼうちしょうよう》　イ　芥川龍之介《あくたがわりゅうのすけ》　ウ　志賀直哉《しがなおや》
エ　川端康成《かわばたやすなり》　オ　夏目漱石《なつめそうせき》　カ　田山花袋《たやまかたい》
キ　三島由紀夫《みしまゆきお》　ク　太宰治《だざいおさむ》　ケ　井伏鱒二《いぶせますじ》
コ　二葉亭四迷《ふたばていしめい》

⑵　自然主義のグループに属する作家を、⑴の語群から一人選びなさい。（2点）　［　　］

⑶　自然主義が最盛期を迎えた時代はいつか。ふさわしいものを、次の中から一つ選びなさい。（2点）　［　　］

ア　明治時代前期　イ　明治時代後期　ウ　大正時代
エ　昭和時代戦前　オ　昭和時代戦後

2　次の漢字の読みを、ひらがなで書きなさい。（2点×10）

①　熱傷　［　　］
②　骨端線　［　　］
③　癒着　［　　］
④　培養　［　　］
⑤　執刀　［　　］
⑥　代謝　［　　］
⑦　平滑筋　［　　］
⑧　飢餓　［　　］
⑨　器官　［　　］
⑩　幽門　［　　］

3　外来語と意味の組み合わせとして正しくないものを、次の中から一つ選びなさい。（2点）　［　　］

A　プライド……自尊心　B　カテゴリー……範疇《はんちゅう》
C　セオリー……理論　D　コモンセンス……浄化
E　コンセプト……概念

4 「君子危うきに近寄らず」と同じ意味の言葉を、次の中から一つ選びなさい。（2点）　［　　］

ア　弘法《こうぼう》にも筆の誤り
イ　触らぬ神にたたりなし
ウ　河童《かっぱ》の川流れ
エ　猫に小判
オ　犬も歩けば棒に当たる

5 次の表現の中から、正しいものを一つ選びなさい。（3点）　［　　］

ア　彼女はドイツ語を流ちょうに話せれる。
イ　滝が見られるとガイドブックに書いてある。
ウ　明日の午後、学校に来れますか。
エ　この水はいつまで飲めれますか。

6 次の①〜⑤は、二字熟語を三語ずつグループ化したものである。例にならって、各グループの空欄に共通する漢字一字を入れて、二字熟語を完成させなさい。（2点×5）

〈例〉□院・□気・看□　……答え＝病

①　□詞・□約・宣□　［　　］
②　□劣・□者・稚□　［　　］
③　□高・□拝・尊□　［　　］
④　□眠・午□・熟□　［　　］
⑤　□状・軽□・炎□　［　　］

7 ——線部の表現を、ふさわしい敬語に直しなさい。（2点×5）

①　父が、先生によろしくと言っていました。　［　　］
②　お客様はいつ寝ますか。　［　　］
③　来賓の方が祝辞を読む。　［　　］
④　明日の二時に御校へ行きます。　［　　］
⑤　先生はこのお茶を飲みますか。　［　　］

さくいん

- 「別」は、別冊の掲載ページ。別冊で意味を一覧表示している語について、そのページを示しています。
- さくいんを活用した復習が三回できるように、チェックボックスを三つ設けています。（さくいんの活用法→ *p. 14*）

⑥

Profile 著者紹介

佐々木 琳慧（ささき りんけい）

滋賀大学教育学部卒業。県立進学校教諭を経て、現在、滋賀短期大学附属高等学校教諭、三省堂教科書編集委員。
著書に、
『大学入試頻出漢字2500』（文英堂）
『明快古典文法』（共著、いいずな書店）
『小論文キーワードファイル』『現代を知るplus』（共著、第一学習社）など。

カバーデザイン　はにいろデザイン
紙面デザイン　福永重孝　はにいろデザイン
ひらがな字形　山腰美津子
イラスト　江村文代

シグマベスト

看護医療系の国語常識

編著者　佐々木琳慧
発行者　益井英郎
印刷所　中村印刷株式会社
発行所　株式会社　文英堂
〒601-8121　京都市南区上鳥羽大物町28
〒162-0832　東京都新宿区岩戸町17
（代表）03-3269-4231

●落丁・乱丁はおとりかえします。

ΣBEST シグマベスト

専門学校受験

看護医療系の国語常識

これで合格

解答・解説

文英堂

item 4

超基礎レベルの書き取り・読み方

ケース 4-1

● 書き取り30 ［音読み］

① 因果《いんが》　×「困果・固果」
② 介在《かいざい》　「介」＝「間に入る」という意味の字。
③ 患者《かんじゃ》　「患」＝「病気になる」という意味の字。
④ 希少《きしょう》　「希」＝「めったにない」という意味の字。「稀少《きしょう》」とも書く。
⑤ 口調《くちょう》　口から出る言葉の調子。
⑥ 見当《けんとう》　見て当たりをつける。×「検討・健闘」
⑦ 強引《ごういん》　強く引っぱる。
⑧ 固有《こゆう》　「固」＝「もとから」という意味の字。
⑨ 消化《しょうか》　「よく理解して自分のものにする」という意味でも使う。
⑩ 症状《しょうじょう》　「症」＝「病気」という意味の字。
⑪ 冗談《じょうだん》　「冗」＝「むだ。むだが多く締まりがない」という意味の字。
⑫ 消毒《しょうどく》　毒を消す。
⑬ 素性《すじょう》　読み方もよく問われる。
⑭ 切実《せつじつ》　実に痛切だ。
⑮ 相違《そうい》　「違」＝「行きちがう」という意味の字。×「遺・遣」
⑯ 仲介《ちゅうかい》　介（＝間に入る）して仲立ちをする。
⑰ 中枢《ちゅうすう》　「枢」＝「かなめとなるところ」という意味の字。
⑱ 伝染《でんせん》　「悪い習慣などが広がる」という意味でも使う。
⑲ 透明《とうめい》　透《す》きとおって明るい。
⑳ 途方《とほう》　「途」＝「道すじ」という意味の字。
㉑ 破壊《はかい》　「壊」＝「土がくずれる」という意味の字。×「懐」
㉒ 病床《びょうしょう》　病《やまい》の床《とこ》。
㉓ 普及《ふきゅう》　「及」＝「およぶ」という意味の字。×「吸・汲」

㉔ 福祉《ふくし》　「祉」＝「神の恵み。さいわい」という意味の字。
㉕ 分析《ぶんせき》　「分」＝「わける」という意味の字。「析」＝「細かくする」という意味の字。
㉖ 冒険《ぼうけん》　「冒」＝下の部分は「日」ではなく「目」。
㉗ 唯一《ゆいいつ》　唯《ただ》一《ひと》つ。
㉘ 容易《ようい》　「易」＝「やさしい」という意味の字。
㉙ 予期《よき》　予《あらかじ》め、期《き》する（＝心に思う）。
㉚ 余地《よち》　土地に余りがある。

ケース4-2 ● 書き取り20［訓読み］

① 扱《あつか》う　「取り扱い説明書」などの語がある。
② 浴《あ》びる　「浴室《よくしつ》」＝湯を浴びる部屋。
③ 埋《う》める　「埋葬《まいそう》」＝埋めて葬《ほうむ》る。
④ 敬《うやま》う　「敬老《けいろう》」＝老人を敬う。
⑤ 描《えが》く　絵やイメージは「描く」、文字は「書く」。
⑥ 傾《かたむ》ける　「傾聴《けいちょう》」＝耳を傾けて聴《き》く。
⑦ 乾《かわ》く　「乾」＝「乾燥《かんそう》する」という意味の字。
⑧ 築《きず》く　「建築《けんちく》」＝建て築く。
⑨ 果物《くだもの》　「菓子」の「菓」は「果物《くだもの》」という意味の字。昔は果物が甘いものの代表だった。
⑩ 険《けわ》しい　「険」＝「とがった山」という意味の字。
⑪ 逆《さか》らう　「逆《さか》さま」も同じ読み方。
⑫ 悟《さと》る　もとは仏教用語。「悟」＝「真理に気づく」という意味の字。
⑬ 素直《すなお》　「素」＝「ありのままで手を加えていない」という意味の字。「直」＝「まっすぐ」という意味の字。
⑭ 迫《せま》る　「迫力《はくりょく》」＝迫る力。
⑮ 棚《たな》　「棚からぼた餅《もち》」＝「思いがけない幸運がめぐってくる」という意味の慣用句。
⑯ 煮物《にもの》　「煮る物」だから「煮物」。そのままの意味。
⑰ 塗《ぬ》る　「塗り絵」「塗り薬」などの語がある。
⑱ 肌《はだ》　「肌色」＝文字どおり「肌の色」。
⑲ 闇《やみ》　「闇《あん》」と「暗《あん》」は音（発音）が共通で、意味もほぼ同じ。
⑳ 揺《ゆ》れる　「動揺《どうよう》」＝動いて揺れる。

ケース4-3 ● 読み方20［訓読み］

① いましめる　「懲戒《ちょうかい》」＝懲《こ》らしめて戒める。
② なめらか　「滑《すべ》る」という読みもある。
③ あおぎみる　「尊敬する」という意味でも使う。
④ こる　「肩が凝《こ》る」も同じ字。
⑤ いこい　動詞の形は「憩《いこ》う」。
⑥ かえりみる　「過去を思い起こす。振り返って見る」という意味でも使う。
⑦ のどもと　「喉」＝右の部分は「候」ではなく「侯」。
⑧ もよおす　「主催《しゅさい》」＝主となって催す。
⑨ めぐり　「一巡《いちじゅん》」＝ひと巡りする。
⑩ ひそむ　「潜在《せんざい》」＝潜んで存在する。
⑪ うながす　「促進《そくしん》」＝関係者を促して物事が速く運ぶようにする。
⑫ とらえる　×「促える」
⑬ おこたる　「怠《なま》ける」という読みもある。送りがなに注意。
⑭ たくわえる　×「畜える」
⑮ あらわす　「著作《ちょさく》」＝著《あらわ》して作る。
⑯ いちじるしい　「顕著《けんちょ》」＝きわだって著《いちじる》しい。
⑰ ひとみ　目に関係があるので、部首は「目へん」。
⑱ ともなう　「伴走《ばんそう》」＝走者のそばに伴って走る。
⑲ おもむく　「赴」＝「倒れつつ急いで駆けつける」という意味の字。
⑳ おさえる　「抑圧《よくあつ》」＝欲望・行動などを抑えつける。

ケース4-4

● 読み方30［音読み］

① いけい　畏《おそ》れ敬う。
② きゅうけい　「憩」＝「一息つく。休む」という意味の字。
③ あいまい　「曖」＝「うすぐらい。はっきりしない」という意味の字。×「暖」
④ へいこう　口を閉じて黙《だま》りこくってしまう。
⑤ れいこう　励《はげ》んで行う。
⑥ すうこう　高くて崇《あが》められる。
⑦ さいほう　「裁」＝布に関係するので、字の中に「衣」がある。×「栽」
⑧ ばいよう　「培」＝「養い育てる」という意味の字。
⑨ ぜっきょう　叫《さけ》ぶことがそれっきりで絶えるくらい、大声で叫ぶ。
⑩ はあく　「把」＝「手のひらで握《にぎ》る」という意味の字。×「肥」
⑪ しさく　「索」＝「探し求める」という意味の字。
⑫ げんしゅく　「厳」＝「重々しくておごそか」という意味の字。
⑬ ふっしょく　払《はら》い拭《ぬぐ》う。
⑭ こうちょく　硬《かた》くて真っ直《す》ぐになる。
⑮ ごうご　「豪」＝「勢いが盛ん」という意味の字。
⑯ しさ　「唆」＝「口で指示する」という意味の字。
⑰ ぎょうし　「凝」＝「氷のように固まって動かない」という意味の字。
⑱ くうそ　「疎」＝「すきまができる」という意味の字。
⑲ たいだ　「怠・惰」＝どちらも「なまける」という意味の字。
⑳ はんざつ　「煩」＝「わずらわしい」という意味の字。
㉑ ひんど　「頻」＝「何度も繰り返される」という意味の字。
㉒ いふ　畏《おそ》れて怖《こわ》がる。
㉓ ぎんみ　「吟」＝「内容を探って確かめる」という意味の字。
㉔ ちゆ　「治・癒」＝どちらも「病気がよくなる」という意味の字。
㉕ かんり　明治憲法下での役人を指す言葉。
㉖ かんわ　「緩」＝「結び目の間にゆとりを開ける」という意味の字。×「暖」
㉗ ひがん　もとは仏教用語で、「悟りを得た仏の世界」という意味。
㉘ きんせん　心の奥深くの感情を「琴《こと》の糸」にたとえた言葉。
㉙ しゃだん　遮《さえぎ》って断《た》つ。
㉚ かんまん　×「緩漫」

item 6

熟語の書き取り

ケース 6-1

● 書き取り50［音読み］

①維持《いじ》　「維」＝「ひっぱる糸」という意味の字。×「推」
②威勢《いせい》　威圧する勢い。
③影響《えいきょう》　影《かげ》が形に従い、響《ひび》きが音に応じる。
④介護《かいご》　「護」＝「言葉でまもる」という意味の字。×「獲・穫」
⑤解凍《かいとう》　凍《こお》っているものを解かす。
⑥該当《がいとう》　「該」＝「あてはまる」という意味の字。
⑦皆無《かいむ》　「皆」＝「全部。すっかり」という意味の字。
⑧拡張《かくちょう》　「拡」＝「手で広げる」という意味の字。
⑨間隔《かんかく》　「隔」＝「土でへだてる」という意味の字。×「融」
⑩喚起《かんき》　「喚」＝「（口で）大声で呼ぶ。呼び出す」という意味の字。×「換」
⑪簡潔《かんけつ》　「簡」＝「手軽」という意味の字。「潔」＝「すっきりしている」という意味の字。
⑫還元《かんげん》　「還」＝「足（＝しんにょう）で一回だけ回る」という意味の字。×「環」
⑬関与《かんよ》　関《かか》わりを与える。
⑭寛容《かんよう》　「寛」＝「ゆるやか。おおまか」という意味の字。
⑮記憶《きおく》　記して憶《おぼ》える。
⑯奇妙《きみょう》　「奇」＝「普通とは違っている」という意味の字。×「寄」
⑰享受《きょうじゅ》　「享」＝「ありがたく受け取る」という意味の字。×「亨」
⑱吟味《ぎんみ》　「吟」＝「内容を探って確かめる」という意味の字。
⑲警戒《けいかい》　「警」＝「言って、はっとさせる」という意味の字。×「驚」
⑳気配《けはい》　気《き》の配分を感じる。

㉑懸命《けんめい》　命を懸《か》ける。
㉒更生《こうせい》　「更」＝「新しく入れかえる」という意味の字。
㉓拘束《こうそく》　「拘」＝「手でつかまえて自由を奪う」という意味の字。
㉔誇張《こちょう》　「誇」＝「大げさに言う」という意味の字。
㉕挫折《ざせつ》　挫《くじ》けて折れる。
㉖錯覚《さっかく》　「錯」＝「間違う」という意味の字。
㉗循環《じゅんかん》　「環」＝「輪の形をしたもの。円形に取り巻く」という意味の字。×「還」
㉘純粋《じゅんすい》　「粋」＝「小さい米がそろい、まじりけがない」という意味の字。×「砕・酔」
㉙衝撃《しょうげき》　「衝」＝「突き抜けるほど重い」という意味の字。×「衡」
㉚詳細《しょうさい》　「詳」＝「欠けるところなく行き届いて論じる」という意味の字。×「祥」
㉛象徴《しょうちょう》　「徴」＝「微妙な才能を王が見出す」という意味の字。×「微」
㉜衰弱《すいじゃく》　衰《おとろ》えて弱る。×「哀弱」
㉝繊細《せんさい》　「繊」＝「ほそい。こまかい」という意味の字。×「織」
㉞潜伏《せんぷく》　「潜」＝「もぐる」という意味の字。水のイメージなので、部首は「さんずい」。
㉟専門《せんもん》　×「専問」
㊱疎外《そがい》　「疎」＝「すきまができる」という意味の字。
㊲即座《そくざ》　「即」＝「すぐに。その場で」という意味の字。
㊳対象《たいしょう》　「象」＝「動物の象《ゾウ》」がもとの意味の字。ゾウは目立つので目標（＝対象）になるため、この字を使う。×「像」
㊴丹念《たんねん》　「丹」＝「まごころ」という意味の字。
㊵蓄積《ちくせき》　「積」＝「作物をつみ上げる」という意味の字。×「績・債」

㊶ 秩序《ちつじょ》　「秩」＝「ととのった決まり」という意味の字。

㊷ 抵抗《ていこう》　「抵」＝「逆らう」という意味の字。×「低・底」

㊸ 撤退《てったい》　「撤」＝「手で通りをよくする」という意味の字。×「徹」

㊹ 洞察《どうさつ》　「察」＝「きれいで、すみずみまで見える」という意味の字。×「擦・祭」

㊺ 匿名《とくめい》　「匿」＝「かくす」という意味の字。

㊻ 把握《はあく》　手で握《にぎ》る。×「肥握」

㊼ 発揮《はっき》　「揮」＝「手に持って振り動かす」という意味の字。×「輝」

㊽ 頻繁《ひんぱん》　頻《しき》りに繁々《しげしげ》と繰り返される。

㊾ 無駄《むだ》　「駄」＝「価値の低いもの」という意味の字。

㊿ 融通《ゆうずう》　×「隔通」

ケース 6-2

● 書き取り125 [音読み]

① 意地《いじ》　「地」＝ここでは「本来の姿」という意味。

② 依存《いぞん》(いそん)　「依」＝「頼りにする。寄りかかる」という意味の字。×「衣」

③ 逸脱《いつだつ》　「逸」＝「それる。さっと抜け出る」という意味の字。×「晩・挽」

④ 鋭意《えいい》　鋭《するど》い意識でがんばる。

⑤ 旺盛《おうせい》　「旺」＝「日の光がさかんに周囲に広がる」という意味の字。

⑥ 階層《かいそう》　階段のように層をなす。

⑦ 壊滅《かいめつ》　壊《こわ》れて滅《ほろ》びる。

⑧ 歓迎《かんげい》　「歓」＝「体を曲げて喜んで話す」という意味の字。×「勧・観」

⑨ 監視《かんし》　「監」＝「よく見えるところから取り締まる」という意味の字。×「鑑」

⑩ 肝要《かんよう》　「肝」＝「いちばん大事な臓器〔＝肝臓〕」という意味の字。

⑪ 基幹《きかん》　「基」＝「建物の土台。根拠となるもの」という意味の字。「幹」＝「中心になるもの」という意味の字。

⑫ 基盤《きばん》　「盤」＝「大きくて平たい」という意味の字。

⑬ 窮状《きゅうじょう》　「窮」＝「奥深くまで行き尽くす」という意味の字。

⑭ 糾弾《きゅうだん》　「糾」＝「問いただす」という意味の字。×「叫・収」

⑮ 境遇《きょうぐう》　「境」＝「土でさかいめを作る」という意味の字。

⑯ 恐縮《きょうしゅく》　恐《おそ》れて縮《ちぢ》こまる。

⑰ 業績《ぎょうせき》　「績」＝「横糸を積み重ねる」という意味の字。×「積・債」

⑱ 極端《きょくたん》　極《きわ》めて端《はし》にかたよる。

⑲ 儀礼《ぎれい》　「儀」＝「整って模範になる人」という意味の字。×「義・議・犠」

⑳ 偶然《ぐうぜん》　「偶」＝「二つで対《つい》をなす人形」という意味の字。×「遇・隅・寓・愚」

㉑ 駆動《くどう》　「駆」＝「馬を乗りこなす」という意味の字。

㉒ 経緯《けいい》　「経」＝「たて糸」という意味の字。「緯」＝「よこ糸」という意味の字。

㉓ 軽薄《けいはく》　軽くて薄《うす》っぺら。×「軽簿・軽博」

㉔ 撃退《げきたい》　撃《う》ち退ける。

㉕ 懸念《けねん》　「懸」＝「心が宙吊《ちゅうづ》りで気がかり」という意味の字。

㉖ 権威《けんい》　権力と威力。

㉗ 謙虚《けんきょ》　「謙」＝「後ろにしりぞいて控える」という意味の字。×「嫌」

㉘ 顕在《けんざい》　顕《あら》わに存在する。

㉙ 検索《けんさく》　「索」＝「探し求める」という意味の字。×「策」

㉚ 堅持《けんじ》　「堅」＝「土台がしっかりしている」という意味の字。×「緊」

㉛ 厳密《げんみつ》　「密」＝「きめこまかい」という意味の字。

㉜ 交錯《こうさく》　交じって錯綜《さくそう》する。

㉝ 功績《こうせき》　「功」＝「穴をあけるのに力がいる」という意味の字。×「巧・攻」

㉞ 巧拙《こうせつ》　「巧」＝「穴を微妙なカーブであける」という意味の字。×「功・攻」

㉟ 構造《こうぞう》　構えと造り。

㊱ 抗弁《こうべん》　「抗」＝「手向かう。さからう」という意味の字。

㊲ 高揚《こうよう》　高く揚《あ》がる。「昂揚《こうよう》」とも書く。

㊳ 枯渇《こかつ》　「渇」＝「水がなくなってかれる」という意味の字。×「喝・掲」

㊴ 誇示《こじ》　「誇」＝「おおげさに言う」という意味の字。

㊵ 些細《ささい》　「些」＝「わずか」という意味の字。

㊶ 撮影《さつえい》　影《かげ》（＝姿。像）を撮《と》る。

㊷ 察知《さっち》　察して知る。

㊸ 残酷《ざんこく》　「酷」＝牛をしばりすぎたことから「残酷」という意味になった字。×「告」

㊹ 刺激《しげき》　「激」＝「水が当たって白いしぶきが飛ぶ」という意味の字。

㊺ 至難《しなん》　至るのが難しい。

㊻ 執着《しゅうちゃく》　「執」＝「とりついて離れない」という意味の字。

㊼ 趣旨《しゅし》　「趣」＝「目指すところ。おもむき」という意味の字。「趣旨」は「ねらい」、「主旨《しゅし》」は「中心となることがら」を表す。

㊽ 瞬間《しゅんかん》　瞬《またた》く間《ま》。

㊾ 成就《じょうじゅ》　読み方にも注意。

㊿ 焦点《しょうてん》　「焦」＝「隹《とり》を火であぶる→焦《こ》げる」という意味の字。

51 譲渡《じょうと》　譲《ゆず》り渡《わた》す。

52 奨励《しょうれい》　「励」＝「力を込める」という意味の字。

53 触発《しょくはつ》　「触」＝「栗《くり》にくっつく虫」がもとの意味の字。

54 真偽《しんぎ》　「偽」＝「人間が動物の象を手なずける→偽《いつわ》ってだます」という意味の字。×「為」

55 尋常《じんじょう》　「尋」＝「普通」という意味の字。「常」＝「いつも」という意味の字。

---

56 遂行《すいこう》　「遂」＝「最後までやり終える」という意味の字。×「逐」

57 推奨《すいしょう》　「推」＝「重みをかけて手で押す」という意味の字。×「維」

58 衰退《すいたい》　衰《おとろ》えて退く。×「哀退」

59 崇拝《すうはい》　崇《あが》めて拝む。

60 図鑑《ずかん》　「鑑」＝「金の皿に顔を映す」という意味の字。×「監」

61 清潔《せいけつ》　「清」＝「水が青く澄みきる」という意味の字。

62 生殖《せいしょく》　「殖」＝「獣が増える」という意味の字。×「植」

63 節操《せっそう》　「操」＝「手でたぐり寄せる」という意味の字。×「燥・繰」

64 潜在《せんざい》　潜《ひそ》んで存在する。

65 相関《そうかん》　相《あい》（＝互いに）関《かか》わる。

66 臓器《ぞうき》　「臓」＝体内の器官に関係があるので、部首は「にくづき」。

67 挿入《そうにゅう》　挿《さ》し入れる。

68 対照《たいしょう》　ともに照らし合わせる。×「対象・対称」

69 逮捕《たいほ》　「逮」＝「相手に手が届く。捕らえる」という意味の字。

70 弾劾《だんがい》　「弾」＝「指でピンとはじく。責めたてる」という意味の字。

71 端的《たんてき》　「端」＝「はっきりしている」という意味の字。×「単・短」

72 抽出《ちゅうしゅつ》　「抽」＝「手で中身を抜き出す」という意味の字。

73 超越《ちょうえつ》　「超・越」＝どちらも「こえる」という意味の字。

74 治療《ちりょう》　「療」＝病気に関する意味を持つ字なので、部首は「やまいだれ」。×「僚・瞭」

75 沈潜《ちんせん》　水底に沈《しず》んで潜《ひそ》む。

76 追随《ついずい》　「随」＝「他人のあとにそのままついていく」という意味の字。×「髄・隋」

77 墜落《ついらく》　「墜」＝「重い土がずしんと落ちる」という意味の字。

78 丁寧《ていねい》　「寧」＝「安らかに落ち着いている」という意味の字。

79 転嫁《てんか》　他家に嫁《とつ》いでいく女性のせいにする。×「転稼」

80 添付《てんぷ》　添《そ》えて付ける。

81 当該《とうがい》　×「当核」

82 逃避《とうひ》　逃《に》げて避《さ》ける。

83 動揺《どうよう》　気持ちが動いて揺《ゆ》れる。

84 同僚《どうりょう》　「僚」＝「仲間の人」という意味の字。×「療・瞭」

85 土壌《どじょう》　「壌」＝「まぜかえした土」という意味の字。×「譲・醸」

86 塗装《とそう》　塗《ぬ》って装《よそお》う。

87 途端《とたん》　途〔＝道すじ〕の、端〔＝きっかけ〕。

88 吐露《とろ》　「露」＝「むきだしではっきり見える」という意味の字。

89 脳裏《のうり》　「裏」＝「内側」という意味の字。

90 媒介《ばいかい》　「媒」＝「(女の子が)仲立ちをする」という意味の字。

91 賠償《ばいしょう》　「賠」＝お金でつぐなうので、部首は「貝へん」。昔は貝がお金として使われていた。×「培・陪・倍」

92 漠然《ばくぜん》　「漠」＝「水が莫《な》し」という意味の字。×「模・膜・莫」

93 伐採《ばっさい》　「採」＝「手の先で木の芽をつむ」という意味の字。×「彩」

94 繁茂《はんも》　「繁」＝「たくさん増える」という意味の字。「茂」＝「生いしげる」という意味の字。

95 非難《ひなん》　相手の非を難ずる〔＝文句を言う〕。

96 披露《ひろう》　読み方にも注意。

97 頻度《ひんど》　「頻」＝「何度も繰り返される」という意味の字。

98 複雑《ふくざつ》　「複」＝「二重に重ねて包む衣」という意味の字。×「復・腹」

99 普遍《ふへん》　「遍」＝「平らに広がる」がもとの意味で、「まんべんなく」という意味の字。×「偏・編」

100 平衡《へいこう》　「衡」の真ん中の部分は「大きなものがぶら下がっていてバランスをとる」という意味。

101 変遷《へんせん》　「遷」＝「移り変わる」という意味の字。

102 萌芽《ほうが》　「萌」＝「きざし」という意味の字。

103 崩壊《ほうかい》　「崩」＝「山が両側にくずれ落ちる」という意味の字。「壊」＝「土がくずれる」という意味の字。

104 放棄《ほうき》　放《ほう》って棄《す》てる。

---

105 報酬《ほうしゅう》　「報」＝「罪人に仕返しをする」がもとの意味の字。

106 膨大《ぼうだい》　「膨」＝「内臓がふくらむ」という意味の字なので、部首は「にくづき」。

107 煩悩《ぼんのう》　「悩」＝「なやませる」という意味の字。×「脳」

108 翻訳《ほんやく》　「翻」＝「ひらりと裏返す。ひるがえす」という意味の字。

109 枚挙《まいきょ》　「挙」＝「多くのものの中から取り上げる」という意味の字。

110 摩擦《まさつ》　「擦」＝「手でこすってきれいにする」という意味の字。×「察」

111 魅惑《みわく》　「魅」＝「心をひきつけて迷わす」という意味の字。

112 矛盾《むじゅん》　無敵の矛《ほこ》と無敵の盾《たて》が戦ったら……、つじつまが合わない。

113 綿密《めんみつ》　綿《わた》が密集。

114 猛然《もうぜん》　「猛」＝「勢いが盛んである」という意味の字。

115 妄想《もうそう》　「妄」＝「筋道がなく、でたらめ」という意味の字。

116 模索《もさく》　「模」＝「木で鋳型《いがた》を作る」という意味の字。×「漠・膜」

117 問診《もんしん》　診断のために問う。

118 誘致《ゆうち》　「誘」＝「言葉でさそう」という意味の字なので、部首は「ごんべん」。

119 余韻《よいん》　余って残った韻律《いんりつ》〔＝リズム〕。

120 容赦《ようしゃ》　「赦」＝「ゆるす」という意味の字。

121 様相《ようそう》　様々《さまざま》な相《そう》〔＝ようす〕。

122 要領《ようりょう》　「要」＝「腰」、「領」＝「えり。くび」という意味の字。

123 隆盛《りゅうせい》　「隆」＝「土に草が生えてもりあがる」という意味の字。

124 連鎖《れんさ》　鎖《くさり》のように連なる。

125 露呈《ろてい》　「呈」＝「差し出す。隠さずに現し出す」という意味の字。

ケース6-3

●書き取り40［音読み］

①軌跡《きせき》　「軌」=「車輪のあと」という意味の字。×「奇」

②回避《かいひ》　「避」=「足で動いてさける」という意味の字。×「癖」

③愚直《ぐちょく》　「愚」=「人のまねをする猿」という意味の字。×「遇・偶・隅・寓」

④獲得《かくとく》　「獲」=「獣をとらえる」という意味の字。×「穫・護」

⑤意義《いぎ》　「義」=「意味。筋道」という意味の字。×「犠・儀・議」

⑥過剰《かじょう》　「過」=「行きすぎてしまう」という意味の字。

⑦緩慢《かんまん》　「緩」=「結び目の間にゆとりを開ける」という意味の字。×「援・暖」

⑧浸透《しんとう》　「浸」=「水がしみ込む」という意味の字。×「侵」

⑨謙譲語《けんじょうご》　「謙」=「後ろにしりぞいて控える」という意味の字。×「嫌」

⑩栽培《さいばい》　「栽」=「ほどよく育てる」という意味の字。×「裁」

⑪示唆《しさ》　「唆」=「口で指示する」という意味の字。×「俊」

⑫演奏《えんそう》　「奏」=「両手で獣を捧げる」という意味の字。×「奉・泰」

⑬完璧《かんぺき》　「璧」=「完全な宝石」という意味の字。×「壁」

⑭凝固《ぎょうこ》　「凝」=「氷のように固まって動かない」という意味の字。×「擬・疑」

⑮緊張《きんちょう》　「緊」=「糸で縛《しば》る」という意味の字。×「堅」

⑯掲載《けいさい》　「掲」=「手に標識をかかげて人を止める」という意味の字。×「提」

⑰衝動《しょうどう》　「衝」=「突き抜けるほど重い」という意味の字。×「衡」

⑱観葉《かんよう》　葉を観《み》る。

⑲滑稽《こっけい》　大学入試に出たのは数回だけだが、専門学校入試には頻出。

⑳痕跡《こんせき》　「痕」=「傷のあと」という意味の字。「跡」=「獣の足あと」という意味の字。

㉑遮断《しゃだん》　遮《さえぎ》って断《た》つ。

㉒踏襲《とうしゅう》　前人が踏《ふ》んだあとを受け継ぐ。「襲」=「伝統を継ぐ」という意味の字。

㉓雰囲気《ふんいき》　「雰」=「もやもやとした大気」という意味の字。

㉔容貌《ようぼう》　「容」=「かたち」という意味の字。

㉕曖昧《あいまい》　「曖」=「うすぐらい。はっきりしない」という意味の字。

㉖窮屈《きゅうくつ》　「窮」=「奥深くまで行き尽くす。動きがとれない」という意味の字。

㉗遺憾《いかん》　「遺」=「残ったもの」という意味の字。×「遣・違」

㉘派遣《はけん》　「遣」=「一部を相手に与える」という意味の字。だから「遺」の字より欠けた所がある。×「遺・違」

㉙概念《がいねん》　「概」=「木のますに米をいっぱいに満たす」という意味の字。×「慨・既」

㉚憤慨《ふんがい》　「慨」=「心をゆさぶる思いでいっぱいになる」という意味の字。心に関係があるので、部首は「りっしんべん」。

㉛隔絶《かくぜつ》　「隔」=「土でへだてる」という意味の字。×「融」

㉜融合《ゆうごう》　「融」=「鍋《なべ》で一つにする」という意味の字。×「隔」

㉝陳腐《ちんぷ》　読み方にも注意。

㉞洗練《せんれん》　「練」=「糸をねり分けて上質にする」という意味の字。

㉟喪失《そうしつ》　「喪」=「口々に泣く」という意味の字。下の部分を「𧘇」と書く間違いが多い。

㊱喪服《もふく》　「喪《も》」は訓読み、「服《ふく》」は音読み。

㊲折衷《せっちゅう》　「衷」=「なかほど。かたよらない」という意味の字。

㊳微細《びさい》　「微」=「わずか。かすか」という意味の字。×「徴」

㊴微妙《びみょう》　「何ともいえない味わいがある」という意味でも使う。

㊵特徴《とくちょう》　「徴」=「微妙な才能を王が見出す」という意味の字。×「微」

ケース 6-4

● 書き取り20［同音異字］

① 過敏《かびん》・イ
「過」＝「行きすぎてしまう」という意味の字。
ア戦禍　イ通過　ウ夏期　エ華美

② 歓声《かんせい》・エ
「歓」＝「体を曲げてよろこんで話す」という意味の字。
ア勧誘　イ実感　ウ図鑑　エ歓喜

③ 拘泥《こうでい》・ア
「拘」＝「手でつかまえて自由を奪う」という意味の字。
ア拘束　イ交流　ウ校舎　エ控訴

④ 危険《きけん》・イ
「険」＝「とがった山」という意味の字。
ア倹約　イ険悪　ウ実験　エ真剣

⑤ 指摘《してき》・エ
「摘」＝「手でつむ。つまみとる」という意味の字。
ア水滴　イ敵地　ウ適当　エ摘出

⑥ 鮮烈《せんれつ》・ウ
「鮮」＝「あざやか」という意味の字。
ア参列　イ破裂　ウ熱烈　エ劣悪

⑦ 遭遇《そうぐう》・イ
「遭・遇」＝どちらも「出会う」という意味の字。
ア偶然　イ待遇　ウ寓話　エ宮司

⑧ 操作《そうさ》・ウ
「操」＝「手でたぐり寄せる」という意味の字。
ア乾燥　イ創業　ウ操縦　エ掃除

⑨ 明瞭《めいりょう》・ア
「瞭」＝「はっきり見える」という意味の字。
ア瞭然　イ治療　ウ同僚　エ社員寮

⑩ 畏敬《いけい》・エ
畏《おそ》れて敬《うやま》う。
ア偉人伝　イ慰問　ウ威圧　エ畏怖

⑪ 鋭利《えいり》・エ
「利」＝「鋭い刃→すらりと通る→うまくいって利益があがる」という意味の字。
ア英雄　イ繁栄　ウ防衛　エ精鋭

⑫ 我慢《がまん》・エ
「慢」＝「心が長く広がっていく」という意味の字。
ア漫画　イ肥満　ウ万年筆　エ慢心

⑬ 観察《かんさつ》・エ
「観」＝「物をそろえてみわたす」という意味の字。
ア歓迎　イ艦隊　ウ鑑賞　エ観客

⑭ 犠牲《ぎせい》・エ
「犠」＝「牛の姿を整える」という意味の字。「犠」も「牲」も部首は「牛へん」。
ア義理　イ儀式　ウ会議　エ犠打

⑮ 基盤《きばん》・イ
「基」＝「建物の土台。根拠となるもの」という意味の字。「盤」＝「大きくて平たい」という意味の字。
ア貴族　イ基地　ウ分岐点　エ希望

⑯ 削減《さくげん》・エ
「削」＝「刀でけずる」という意味の字。
ア傑作　イ索引　ウ交錯　エ添削

⑰ 紛糾《ふんきゅう》・ウ
「紛」＝「もつれる。入り乱れる」という意味の字。
ア粉末　イ奮起　ウ紛失　エ噴火

⑱ 偏見《へんけん》・ウ
「偏」＝「中心から外れてかたよる」という意味の字。
ア普遍　イ続編　ウ偏狭　エ返信

⑲ 顕著《けんちょ》・ア
「顕」＝「はっきりしている」という意味の字。
ア顕示　イ県庁　ウ懸案　エ権威

⑳ 捕獲《ほかく》・エ
「獲」＝「獣をとらえる」という意味の字。
ア角膜　イ収穫　ウ自覚　エ乱獲

ケース6-5

● 書き取り40［音読み／看護医療系の語］

① 炎症《えんしょう》　炎《ほのお》のように赤く腫《は》れる症状。
② 延命《えんめい》　「延」＝「のばす」という意味の字。
③ 回診《かいしん》　回って診《み》る。
④ 開腹《かいふく》　腹《はら》を開く。
⑤ 解剖《かいぼう》　「剖」＝「刀で分ける」という意味の字。×「部・賠・培・陪」
⑥ 隔離《かくり》　「隔」＝「土でへだてる」という意味の字。×「融」
⑦ 感染《かんせん》　「病気がうつる」という意味。
⑧ 緩和《かんわ》　「緩」＝「結び目の間にゆとりを開ける」という意味の字。×「援・暖」
⑨ 気管《きかん》　呼吸の際に空気が流れる管《くだ》。
⑩ 救急《きゅうきゅう》　二字の順序に注意。×「急救」
⑪ 矯正《きょうせい》　「矯」＝「曲がったものをまっすぐにする」という意味の字。
⑫ 解熱剤《げねつざい》　熱を解く剤（＝薬）。
⑬ 検温《けんおん》　「検」＝「調べる」という意味の字。
⑭ 顕微鏡《けんびきょう》　「顕」＝「はっきりしている」という意味の字。
⑮ 効用《こうよう》　「効能」も同じ意味。
⑯ 骨髄《こつずい》　骨の内部のやわらかな組織。
⑰ 疾病《しっぺい》　「疾・病」＝どちらも「やまい」という意味の字。
⑱ 重篤《じゅうとく》　「重・篤」＝どちらも「おもい」という意味の字。
⑲ 診察《しんさつ》　診《み》て察する。
⑳ 腎臓《じんぞう》　体に関係があるので、「腎」も「臓」も部首は「にくづき（月）」。
㉑ 心拍《しんぱく》　「拍」＝「打ち叩《たた》いてリズムをとる」という意味の字。
㉒ 舌下錠《ぜっかじょう》　口の粘膜より直ちに吸収され、効果の発現がとても早い薬。
㉓ 接種《せっしゅ》　ワクチンやウイルスなどを植え付ける。
㉔ 摂取《せっしゅ》　「摂・取」＝どちらも「とり入れる」という意味の字。

㉕ 全治《ぜんち》　完全に治る。
㉖ 蘇生《そせい》　蘇《よみがえ》って生きる。
㉗ 損傷《そんしょう》　損《そこ》なわれて傷つく。
㉘ 対症《たいしょう》　症状に対応する。
㉙ 窒息《ちっそく》　「窒」＝「ふさがる」という意味の字。
㉚ 徴候《ちょうこう》　「徴・候」＝どちらも「きざし」という意味の字。「兆候《ちょうこう》」とも書く。
㉛ 摘出《てきしゅつ》　「摘」＝「手でつむ。つまみとる」という意味の字。×「滴・敵・適」
㉜ 点滴《てんてき》　「滴」＝「水のしたたり」という意味の字。×「摘・敵・適」
㉝ 投与《とうよ》　投げ与える。
㉞ 皮膚《ひふ》　「膚」＝体に関係があるので、部首は「にくづき（月）」。
㉟ 病棟《びょうとう》　「棟」＝「長い建物」という意味の字。
㊱ 麻酔《ますい》　「麻」＝「しびれる」という意味の字。
㊲ 末梢《まっしょう》　「梢」＝「木の枝の先」という意味の字。
㊳ 免疫《めんえき》　「免」＝「避ける」という意味の字。
㊴ 罹患《りかん》　「罹」＝「病気や災難などを身に受ける」という意味の字。「患」＝「病気になる」という意味の字。
㊵ 臨床《りんしょう》　「病人の床《とこ》のそばに行く」がもとの意味。

熟語の読み方

ケース 7-1

● 読み方50 [音読み]

① じゅっかい 「懐」＝「心の中の思い」という意味の字。
② りさい 「罹」＝「病気や災難などを身に受ける」という意味の字。
③ しい 「恣」＝「勝手気まま」という意味の字。
④ こんすい 「昏」＝「意識がはっきりしない」という意味の字。
⑤ しゅうたい 「醜」＝「心や行いが汚い。みにくい」という意味の字。
⑥ ばくだい 「莫」＝ものの程度を表す字。
⑦ ひへい 「弊」＝「やぶれる。つかれる」という意味の字。
⑧ はんれい 「ぼんれい」と読む間違いが非常に多い。
⑨ こくう もとは仏教用語で、「空っぽ」という意味。
⑩ すいこう 詩を作っていて「推《お》す」か「敲《たた》く」かどちらの表現を使うのがよいか迷った、という故事からできた言葉。
⑪ へいこう 「衡」の真ん中の部分は「大きなものがぶら下がっていてバランスをとる」という意味。
⑫ しこう 「嗜好品《しこうひん》」＝栄養のためでなく、好みで楽しむ飲食物。茶・コーヒー・酒など。
⑬ ほうごう 縫《ぬ》い合わせる。
⑭ めいそう 心を静めて神に祈ったり、何かに心を集中させたりする。
⑮ すいとう 難読語で有名。
⑯ こっとう フランス語・英語では「アンティーク(antique)」。
⑰ しょくぼう 「嘱」＝「ゆだねる」という意味の字。
⑱ せんぼう 「羨」＝「うらやましがる」という意味の字。

---

⑲ へんぼう 貌(＝姿かたち)が変わる。
⑳ こんりゅう もとは仏教用語。×「けんりつ」
㉑ へんきょう 偏《かたよ》って狭《せま》い。
㉒ ちょうしょう 「嘲」＝「人をばかにする」という意味の字。
㉓ ふいちょう 吹きこんで聴《き》かせる。×「すいちょう」
㉔ ぼんよう 「凡」＝「ぼんやりしている」という意味の字。「庸」＝「平凡」という意味の字。
㉕ ぞうお 「ぞうあく」と読む間違いが非常に多い。
㉖ りょうが 「凌」＝「相手よりのし上がる」という意味の字。
㉗ ぜっか 「駕」＝「上に行く」という意味の字。舌《した》が招く禍《わざわい》。
㉘ れんか 「廉」＝「安い」という意味の字。
㉙ てんが 「典」＝「正しい」という意味の字。「雅」＝「上品である」という意味の字。
㉚ きょうがく 「驚」＝「馬が、はっと緊張する」という意味の字。×「警」
㉛ ほうちく 「逐」＝「追い払う」という意味の字。×「遂」
㉜ げどく 英語では「デトックス(detox)」。
㉝ むく 垢《あか》が無い。
㉞ まつご 「最期《さいご》」も同じ意味。「まっき」と読むと「終わりに近い時期」という意味になる。
㉟ きょうさ 「唆」＝「口で指示する」という意味の字。
㊱ しんし 「摯」＝「まじめな」という意味の字。
㊲ ざんじ 「暫」＝「しばらく。わずかな間」という意味の字。
㊳ おうと 「嘔・吐」＝どちらも「吐《は》く」という意味の字。

㊴ せつな　もとは仏教用語。指を一回はじく時間の六〇分の一が「刹那」とされる（諸説あり）。

㊵ でんぱ　「でんぱん」と読む間違いが多い。

㊶ はんも　「繁」＝「たくさん増える」という意味の字。「茂」＝「生いしげる」という意味の字。

㊷ こんいん　「結婚」は日常的な言い方で、「婚姻」は法律用語。

㊸ おかん　「あっかん」と読む間違いが多い。

㊹ そうごん　「荘」＝「おごそか」という意味の字。×「そうげん」

㊺ こんしん　「渾」＝「全部の」という意味の字。

㊻ あっせん　「旋」＝「旗がひと回りするように足で回る」という意味の字。

㊼ すいぜん　（食べ物をほしがって）涎《よだれ》を垂《た》らす。

㊽ ふにん　任地に赴《おもむ》く。

㊾ はんらん　「濫」＝「水を張った皿から水があふれる」という意味の字。

㊿ かれん　憐《あわれ》むべきだ。×「可隣」

ケース7-2　● 読み方20［音読み］

① らちがい　「埒」＝「物事の区切り」という意味の字。×「将」

② すうせい　「趨」＝「走る」という意味の字。

③ ゆうぜい　「ゆうせつ」と読む間違いが多い。

④ ろうばい　「狼・狽」＝どちらも「オオカミ」という意味の字。狼と狽はいつも一緒にいて、離れるとあわてふためいた、という。

⑤ かいわい　話し言葉としてはなじみのある言葉だが、漢字表記を見ると、意味も読み方も難しそうに感じてしまう。

⑥ そじょう　「俎」＝「まな板」という意味の字。

⑦ ぜいたく　「贅」＝「財貨が有り余っている」という意味の字。

⑧ じゅうとく　症状が非常に重くて、このままでは死に至る状態。

⑨ いこじ　「意気地《いくじ》がない（＝気が弱い）」と混同しやすいので注意。

⑩ ゆううつ　「鬱」＝「気分が晴れない」という意味の字。

⑪ きょけつ　血管の狭窄《きょうさく》や閉塞《へいそく》によって生じる。

⑫ きひ　温泉入浴の忌避事項は、急性疾患《しっかん》・悪性腫瘍《しゅよう》・重い心臓病など。

⑬ とうや　人格形成を陶器作りや鋳物《いもの》作りにたとえた言葉。「冶」＝「金属を加工する」という意味の字。×「陶治」

⑭ やゆ　「揶・揄」＝どちらも「からかう」という意味の字。

⑮ きょうえん　×「饗宴」

⑯ よじん　「燃え残りの火」がもとの意味。

⑰ らせん　「巻き貝のから」がもとの意味。

⑱ うっぷん　「憤」＝「古墳《こふん》」の「墳」や、「噴火《ふんか》」の「噴」と同じ音。

⑲ けんらん　「豪華絢爛」と四字熟語で使われることが多い。

⑳ せいれん　「廉」＝「私欲がない」という意味の字。

訓読み漢字の書き取り・読み方

ケース 8-1

● 書き取り60［訓読み］

① 諦《あきら》める　「諦念《ていねん》」＝諦めの気持ち。また、真実を見きわめる心。
② 網《あみ》　×「綱《つな》・鋼《はがね》」
③ 著《あらわ》す　「著者《ちょしゃ》」＝本を著す者。
④ 慌《あわ》てる　「世界恐慌《きょうこう》」＝世界が恐れ慌てる。
⑤ 幾人《いくにん》　「幾」＝数が不定であることを表す字。
⑥ 潔《いさぎよ》く　「簡潔《かんけつ》」＝簡単ですっきりと要点をおさえてある。
⑦ 礎《いしずえ》　「基礎《きそ》」＝基本となる礎。
⑧ 悼《いた》む　「哀悼《あいとう》」＝人の死を哀《かな》しみ悼む。
⑨ 著《いちじる》しい　「顕著《けんちょ》」＝著しくはっきりしている。
⑩ 戒《いまし》める　「警戒《けいかい》」＝警（＝注意を呼びかける）して戒める。
⑪ 承《うけたまわ》る　謙譲語《けんじょうご》の動詞の一つ。漢字を書くのも読むのも、敬語として使うのもひと苦労する言葉。
⑫ 渦《うず》　「渦巻《うずま》き」も同じ読み方。
⑬ 促《うなが》す　「促成《そくせい》栽培」＝促して成す栽培。
⑭ 潤《うるお》す　「潤滑油《じゅんかつゆ》」＝潤して滑《すべ》るようにする油。
⑮ 憂《うれ》い　「杞憂《きゆう》」＝取り越し苦労。
⑯ 冒《おか》す　「冒険《ぼうけん》」＝危険を冒してやってみる。
⑰ 怠《おこた》る　「怠《なま》ける」という読みもある。
⑱ 抑《おさ》える　「抑制《よくせい》」＝抑えて制する。
⑲ 陥《おとしい》れる　「陥」＝「落とし穴に落とす」という意味の字。
⑳ 劣《おと》る　「劣等感《れっとうかん》」＝他に比べて自分は劣っているという感情。
㉑ 尾根《おね》　「稜線《りょうせん》」も同じ意味。
㉒ 脅《おびや》かす　「脅」＝「三つの力で怖がらせる」という意味の字。

㉓ 傍《かたわ》ら　『路傍《ろぼう》（＝道の傍ら）の石』は、山本有三《やまもとゆうぞう》の小説。有名な作品なので知っておきたい。
㉔ 糧《かて》　「糧」＝「食物」がもとの意味の字。
㉕ 醸《かも》す　「醸」＝「酒つぼに酵母をまぜこむ」という意味の字。
㉖ 鍛《きた》える　「金属を打って強くする」がもとの意味の字。
㉗ 牙《きば》　「牙《きば》をむく」＝反抗する。
㉘ 唇《くちびる》　専門用語では「口唇《こうしん》」。
㉙ 被《こうむ》る　「被害者《ひがいしゃ》」＝害を被る者。
㉚ 凝《こ》らす　「凝」＝「氷のように固まって動かない」という意味の字。
㉛ 誘《さそ》う　「勧誘《かんゆう》」＝勧《すす》めて誘う。
㉜ 裁《さば》く　「栽培《さいばい》」の「栽」と間違いやすいので注意。
㉝ 妨《さまた》げる　「妨害《ぼうがい》」＝妨げて害する。
㉞ 廃《すた》れる　「荒廃《こうはい》」＝荒れて廃れる。
㉟ 漂《ただよ》う　「漂流《ひょうりゅう》」＝漂い流れる。
㊱ 償《つぐな》う　「償」＝「損失に見合うものを返す」という意味の字。
㊲ 繕《つくろ》う　「修繕《しゅうぜん》」＝繕って直す。
㊳ 培《つちか》う　×「倍・陪」
㊴ 慎《つつし》む　「慎重《しんちょう》」＝慎んで、軽々しく行わない。
㊵ 募《つの》る　「募集《ぼしゅう》」＝募って集める。
㊶ 呟《つぶや》く　口でつぶやくので、部首は「口へん」。
㊷ 剣《つるぎ》　「剣《けん》」の訓読み。
㊸ 遂《と》げる　「遂」＝「最後までやり終える」という意味の字。
㊹ 捉《とら》える　「捕捉《ほそく》」＝捕《つか》まえて捉える。
㊺ 慰《なぐさ》める　「慰」＝「相手の心をいたわり落ち着かせる」という意味の字。

㊻ 妬《ねた》む　「嫉妬《しっと》」＝うらやみ妬む。やきもちをやく。
㊼ 育《はぐく》む　「教育《きょういく》」＝教え育む。
㊽ 励《はげ》ます　「激励《げきれい》」＝激しく励ます。
㊾ 省《はぶ》く　「省略《しょうりゃく》」＝省いて略する。
㊿ 秀《ひい》でる　「秀才《しゅうさい》」＝才能が秀でる。
51 潜《ひそ》む　「潜在《せんざい》」↔「顕在《けんざい》」
52 翻《ひるがえ》す　「翻」＝「ひらりと裏返す」という意味の字。
53 施《ほどこ》す　「実施《じっし》」＝実際に施す。
54 免《まぬが》れる　「免《まぬか》れる」とも読む。「免税《めんぜい》」＝税金を免れる。
55 醜《みにく》い　「醜悪《しゅうあく》」＝醜くて悪い。
56 催《もよお》す　「主催者《しゅさいしゃ》」＝主に催す者。
57 歪《ゆが》む　「歪曲《わいきょく》」＝歪めて曲げる。
58 譲《ゆず》る　「謙譲語」の「譲」も「ゆずる」という意味。
59 委《ゆだ》ねる　「委任《いにん》」＝委ねて任せる。
60 煩《わずら》う　同訓の「患《わずら》う」は「病気になる」という意味。

ケース 8-2

● 読み方60［訓読み］

① あえて　「敢行《かんこう》」＝敢えて行う。
② いく　「逝《ゆ》く」とも読む。
③ いやす　「治癒《ちゆ》」＝癒やして治る。
④ おちいる　「陥入《かんにゅう》」＝陥って入り込む。
⑤ くつがえす　「覆《おお》う」という読みもある。
⑥ ひるがえす　「翻意《ほんい》」＝意〔＝気持ち〕を翻す。
⑦ こずえ　「末梢《まっしょう》」＝物の端。取るに足りないこと。
⑧ いしずえ　「基礎《きそ》」＝基本となる礎。
⑨ あおる　「煽動《せんどう》」＝煽って人を動かす。
⑩ いきどおり　「憤慨《ふんがい》」＝非常に憤る。
⑪ うがつ　「雨垂《あまだ》れ石《いし》を穿つ」＝雨垂れがやがて石に穴をあけるように、小さな努力の積み重ねがやがて大きな結果に結びつく、ということわざ。
⑫ つちかう　「培養《ばいよう》」＝細菌などを人工的に増殖させる。
⑬ とがめる　「咎」＝「あやまち。罪」という意味の字。
⑭ まぬがれる　「免《まぬか》れる」とも読む。「免責《めんせき》」＝責任を免れる。
⑮ そそのかす　「示唆《しさ》」＝それとなく示す。
⑯ いぶかる　「訝」＝「怪しく思う」という意味の字。
⑰ あらがう　「抵抗《ていこう》」＝外からの力に対して抗う。
⑱ しきり　「頻繁《ひんぱん》」＝頻《しき》りに繁々《しげしげ》と繰り返される。
⑲ うぶぎ　「産衣《うぶぎ》」とも書く。
⑳ ねんごろ　「懇切《こんせつ》」＝すみずみまで行き届いて親切である。
㉑ いさめる　「諫言《かんげん》」＝諫めて言う言葉。
㉒ なぐさめる　「慰問《いもん》」＝訪問して慰める。
㉓ いささか　「些細《ささい》」＝ほんの少しで取るに足りない。
㉔ たずさえる　「携帯《けいたい》」＝携えて持ち運ぶ。

㉕ ことわざ
ひらがな表記されることが多い言葉。漢字は「諺」となる。

㉖ かし
二字に特別な読みを当てた熟字訓《じゅくじくん》。

㉗ わずか
「僅差《きんさ》」＝僅かな差。

㉘ そる
「剃髪《ていはつ》」＝髪の毛を剃る。出家する。

㉙ のぞく
「覗《うかが》う」という読みもある。これも「のぞいて見る」という意味。

㉚ またたく
「瞬間《しゅんかん》」＝瞬く間《ま》。

㉛ いらだち
「苛」＝「厳しい。むごい」という意味もある。

㉜ たどる
「辿」＝「足＋山」という成り立ちの字。

㉝ あなどる
「侮辱《ぶじょく》」＝侮って辱《はずかし》める。

㉞ かなでる
「演奏《えんそう》」＝音楽を演じ奏でる。

㉟ になう
「担《かつ》ぐ」という読みもある。

㊱ むなしい
「虚言《きょげん》」＝うそ。

㊲ しのぐ
「凌」＝「相手の上にのしあがる」という意味の字。

㊳ あばく
「暴露《ばくろ》」＝秘密を暴き出す。

㊴ はなはだしい
「甚大《じんだい》」＝甚だしく大きい。

㊵ かんばしく
「かんばしくない」の形をとることが多い。

㊶ おぼれる
「耽溺《たんでき》」＝物事に耽《ふけ》って溺れる。

㊷ さかのぼる
「遡上《そじょう》」＝下流から上流へ遡る。

㊸ うずくまる
「蹲」＝「しゃがむ」という意味の字。

㊹ つむぐ
「紡績《ぼうせき》」＝糸を紡ぐ。

㊺ たわむれ
「児戯《じぎ》」＝子どもの戯れ。いたずら。

㊻ ひらめく
「閃光《せんこう》」＝瞬間的に閃く光。

㊼ もむ
手で柔《やわ》らかくする。

㊽ やせる
部首は「やまいだれ」。

㊾ うやうやしい
「恭順《きょうじゅん》」＝命令に恭しく従う。

㊿ つぶやく
「呟」＝「小声でひとりごとを言う」という意味の字。

(51) うらやましい
「羨望《せんぼう》」＝羨ましく思う。

(52) いさぎよく
「簡潔《かんけつ》」＝簡単ですっきりと要点をおさえてある。

(53) ことさら
「殊《こと》に」＝とりわけ。

(54) ならう
「模倣《もほう》」＝他のものに倣う。

(55) はらむ
「孕」＝「腹に子を宿す」という意味の字。

(56) ほこり
「塵埃《じんあい》」＝塵《ちり》と埃。

(57) うるむ
「潤《うるお》う・潤《うるお》す」という読みもある。

(58) ひるむ
「怯」＝「おびえる」という意味の字。

(59) さわやか
「爽快《そうかい》」＝爽やかで快い。

(60) かたわら
「傍観《ぼうかん》」＝傍らで手を出さずに見る。

item 9

同音・同訓の漢字

ケース 9-1

● 書き取り180 [同音異義語]

① 意外《いがい》 予想と違うこと。
② 以外《いがい》 それを除いたほかのもの。
③ 意志《いし》 強くはっきりした志《こころざし》。自発的で目的意識のある考え。
④ 意思《いし》 考え。思い。
⑤ 遺志《いし》 死者が生前に持っていた志。
⑥ 意匠《いしょう》 工夫をめぐらすこと。
⑦ 衣装《いしょう》 着る物。衣服。「衣裳《いしょう》」とも書く。
⑧ 依然《いぜん》 もとのままであること。
⑨ 以前《いぜん》 その段階に達する前であること。まだ達していないこと。
⑩ 異動《いどう》 地位や勤務などが動いて変わること。
⑪ 異同《いどう》 異なっているところ。不一致。
⑫ 移動《いどう》 位置を移ること。
⑬ 栄位《えいい》 栄誉ある地位。
⑭ 営為《えいい》 営み。活動。
⑮ 応酬《おうしゅう》 互いに応じ合うこと。
⑯ 押収《おうしゅう》 証拠となる物などを押さえて確保すること。
⑰ 回顧《かいこ》 昔を振り返ること。
⑱ 解雇《かいこ》 雇用の契約を解除すること。使用人をやめさせること。
⑲ 懐古《かいこ》 昔のことを懐《なつ》かしく思うこと。
⑳ 改心《かいしん》 反省して、心を改めること。
㉑ 会心《かいしん》 心にかなうこと。
㉒ 解答《かいとう》 問題を解いて、答えを出すこと。
㉓ 回答《かいとう》 質問や要求に答えること。

㉔ 喚起《かんき》 呼び起こすこと。
㉕ 歓喜《かんき》 たいへん喜ぶこと。
㉖ 換気《かんき》 空気を入れ換えること。
㉗ 介抱《かいほう》 病人やけが人の世話をすること。
㉘ 解放《かいほう》 解き放して自由にすること。
㉙ 快方《かいほう》 病気やけががよい方向に向かってくること。
㉚ 開放《かいほう》 開け放すこと。
㉛ 核心《かくしん》 物事の中心となっている大事なところ。
㉜ 確信《かくしん》 かたく信じること。
㉝ 佳作《かさく》 できばえのよい作品。
㉞ 寡作《かさく》 作品を少ししか作らないこと。
㉟ 課程《かてい》 学校などで一定期間に修得することを課す学習内容。コース。
㊱ 過程《かてい》 物事が通過していく道筋。プロセス。
㊲ 看過《かんか》 見過ごすこと。
㊳ 感化《かんか》 影響を与えて心を変えさせること。
㊴ 甘言《かんげん》 巧みに言う甘い言葉。
㊵ 還元《かんげん》 元に戻すこと。
㊶ 換言《かんげん》 言い換えること。
㊷ 干渉《かんしょう》 立ち入ってかまうこと。
㊸ 感傷《かんしょう》 悲しみや寂しさを感じて心が傷つくこと。
㊹ 緩衝《かんしょう》 二者の間で衝撃を緩《ゆる》めること。
㊺ 鑑賞《かんしょう》 芸術作品のよさを味わうこと。
㊻ 観照《かんしょう》 冷静な心で対象の本質を客観的に見つめること。
㊼ 観賞《かんしょう》 美しい物を見て楽しむこと。

㊽ 気候《きこう》 毎年繰り返される大気の状態。
㊾ 機構《きこう》 組織の仕組み。
㊿ 紀行《きこう》 旅行中の体験・見聞・感想などを書いた文章。
51 感得《かんとく》 感じて悟ること。
52 監督《かんとく》 取り締まったり、指図をしたりすること。
53 寛容《かんよう》 厳しくとがめず寛大に受け入れること。
54 肝要《かんよう》 最も必要なこと。非常に重要なこと。
55 規制《きせい》 制限すること。
56 既製《きせい》 完成品として既《すで》に作ってあること。
57 既成《きせい》 既にできあがっていること。
58 帰省《きせい》 ふるさとに帰ること。
59 軌跡《きせき》 たどってきた跡。
60 奇跡《きせき》 常識では考えられないこと。「奇蹟《きせき》」とも書く。
61 機知《きち》 その場でとっさに対応できる才知。
62 既知《きち》 既《すで》に知っていること。
63 器官《きかん》 生物の体の一部分で、いくつかの組織が集まって一定の形や働きを持つもの。
64 帰還《きかん》 帰ってくること。
65 機関《きかん》 目的のために設けられた組織。
66 基幹《きかん》 中心となるもの。
67 気管《きかん》 喉《のど》の下部から肺に通じる管《くだ》。
68 機転《きてん》 その場でとっさに判断できる心の働き。
69 起点《きてん》 スタート地点。始まるところ。
70 希薄《きはく》 少なくて薄《うす》いこと。「稀薄《きはく》」とも書く。
71 気迫《きはく》 力強く立ち向かってゆく気力。「気魄《きはく》」とも書く。
72 恐慌《きょうこう》 最悪の経済状態。
73 強硬《きょうこう》 強気で押し通すこと。
74 強行《きょうこう》 強《し》いて行うこと。

75 脅威《きょうい》 脅《おびや》かして、おどすこと。
76 驚異《きょうい》 驚くほどすばらしいこと。
77 教授《きょうじゅ》 学問や技芸を教え授けること。
78 享受《きょうじゅ》 受け入れて味わうこと。
79 携帯《けいたい》 身につけて持ち運ぶこと。
80 形態《けいたい》 ものの形。
81 慶弔《けいちょう》 喜ぶべきことと、弔《とむら》うべきこと。
82 傾聴《けいちょう》 耳を傾けて熱心に聴くこと。
83 軽重《けいちょう》 軽いことと、重いこと。
84 堅持《けんじ》 堅く守ること。
85 検事《けんじ》 犯罪の捜査、起訴、裁判の監督などを行う国家公務員。
86 顕示《けんじ》 はっきり示すこと。
87 継承《けいしょう》 受け継ぐこと。
88 警鐘《けいしょう》 注意を呼びかけること。
89 景勝《けいしょう》 景色が優れていること。
90 軽傷《けいしょう》 けがの程度が軽いこと。
91 検討《けんとう》 よく考えること。
92 健闘《けんとう》 困難に負けず、立派に闘《たたか》うこと。
93 見当《けんとう》 見込み。予想。
94 硬貨《こうか》 紙幣ではなく金属で造られた貨幣。
95 硬化《こうか》 硬くなること。
96 高価《こうか》 値段が高いこと。
97 更新《こうしん》 新しく改まること。
98 交信《こうしん》 通信を交わすこと。
99 講義《こうぎ》 書物や学問の内容を説明すること。
100 広義《こうぎ》 広い意味。
101 抗議《こうぎ》 反対意見や苦情を述べること。

102 高尚《こうしょう》　レベルが高くて上品なこと。
103 考証《こうしょう》　文献を調べて昔の物事を解釈すること。
104 交渉《こうしょう》　話し合いをすること。
105 口承《こうしょう》　口伝えで語り伝えること。
106 紅潮《こうちょう》　顔が赤みを帯びること。
107 好調《こうちょう》　調子や具合がよいこと。
108 行程《こうてい》　目的地に行くまでの道のり。
109 工程《こうてい》　生産・加工の作業を進めていく順序。
110 肯定《こうてい》　同意すること。
111 後世《こうせい》　後の時代。
112 更生《こうせい》　精神的・社会的に立ち直ること。
113 厚生《こうせい》　生活を健康で豊かなものにすること。
114 攻勢《こうせい》　積極的に攻めること。
115 誇示《こじ》　誇らしげに示すこと。
116 固持《こじ》　固く守って変えないこと。
117 固辞《こじ》　固く辞退すること。
118 参政《さんせい》　政治に参加すること。
119 賛成《さんせい》　それでよいと認めること。同意すること。
120 周知《しゅうち》　周《あまね》く〔＝すみずみまで広く〕知れわたっていること。
121 衆知《しゅうち》　衆人《しゅうじん》〔＝多くの人々〕の知恵。「衆智《しゅうち》」とも書く。
122 羞恥《しゅうち》　恥ずかしく感じること。
123 終生《しゅうせい》　生きている間。
124 習性《しゅうせい》　習慣によって身についた性質。
125 障害《しょうがい》　邪魔をするもの。
126 傷害《しょうがい》　傷つけること。
127 渉外《しょうがい》　外部と交渉すること。
128 生涯《しょうがい》　生きている間。

---

129 焦燥《しょうそう》　焦《あせ》っていらいらすること。
130 尚早《しょうそう》　それをするにはまだ早いこと。
131 振興《しんこう》　盛んにすること。
132 親交《しんこう》　親しく付き合うこと。
133 新興《しんこう》　新しく興《おこ》ること。
134 信仰《しんこう》　神仏などを信じてあがめること。
135 新奇《しんき》　目新しくて普通と違っていること。
136 心機《しんき》　心の動きや働き。
137 新規《しんき》　新しく事をすること。
138 新調《しんちょう》　新しくこしらえること。
139 慎重《しんちょう》　注意深く行うこと。
140 深長《しんちょう》　奥深くて含みの多いこと。
141 身長《しんちょう》　背の高さ。
142 成功《せいこう》　うまくいくこと。
143 精巧《せいこう》　細かくて巧《たく》みなこと。
144 制裁《せいさい》　こらしめるために罰すること。
145 精彩《せいさい》　鮮《あざ》やかで生き生きしていること。「生彩《せいさい》」とも書く。
146 生産《せいさん》　原材料から何かを作りだすこと。
147 清算《せいさん》　過去の関係に結末をつけること。
148 精算《せいさん》　細かく計算すること。
149 成算《せいさん》　成功する見込み。
150 対象《たいしょう》　目標となるもの。
151 対照《たいしょう》　照らし合わせること。
152 対称《たいしょう》　互いに対応してつり合っていること。
153 対症《たいしょう》　症状に対応して表面的に処置すること。

154 大勢《たいせい》　物事や世の中の成り行き。
155 体制《たいせい》　社会や組織の持続的な仕組み。
156 態勢《たいせい》　物事に対する一時的な対応や態度。
157 体勢《たいせい》　体の構え。姿勢。
158 追求《ついきゅう》　目的を達するまで追い求めること。
159 追及《ついきゅう》　追いつめて問いただすこと。
160 追究《ついきゅう》　深く考え究《きわ》めること。
161 適正《てきせい》　適切で正しいこと。
162 適性《てきせい》　性質が適していること。
163 的確《てきかく》　的《まと》を確実にとらえていること。「適確《てきかく》」とも書く。
164 適格《てきかく》　必要な資格を十分に備えていること。
165 非難《ひなん》　欠点や過失を責めること。
166 避難《ひなん》　災難を避けて安全なところへ立ち退《の》くこと。
167 不純《ふじゅん》　純粋でないこと。
168 不順《ふじゅん》　順当でないこと。
169 不審《ふしん》　疑わしいこと。
170 普請《ふしん》　家を建築したり修理したりすること。
171 腐心《ふしん》　苦労して心を悩ませること。
172 不振《ふしん》　振るわないこと。
173 不信《ふしん》　信用しないこと。
174 保証《ほしょう》　間違いないと請《う》け合うこと。
175 保障《ほしょう》　損なわれないように守ること。
176 補償《ほしょう》　損失を補って償《つぐな》うこと。
177 抹消《まっしょう》　消して除くこと。
178 末梢《まっしょう》　物の端。取るに足りないこと。
179 銘記《めいき》　心に刻みこんで忘れないこと。
180 明記《めいき》　はっきりと書き記すこと。

ケース 9-2

● 書き取り90［同訓異義語］

① 合《あ》う　合致する。
② 会《あ》う　対面する。出会う。
③ 遭《あ》う　嫌なことを体験する。
④ 開《あ》ける　閉ざしていたものを開《ひら》く。
⑤ 空《あ》ける　留守にする。空っぽにする。
⑥ 明《あ》ける　夜が終わって朝になる。新しい年・月・週・日になる。
⑦ 熱《あつ》い　温度が高い。
⑧ 暑《あつ》い　気温が高い。
⑨ 厚《あつ》い　分厚い。厚みがある。
⑩ 謝《あやま》る　わびる。
⑪ 誤《あやま》る　間違う。
⑫ 傷《いた》む　傷つく。損なわれる。
⑬ 痛《いた》む　体や心に苦痛を感じる。
⑭ 悼《いた》む　人の死を悲しむ。
⑮ 討《う》つ　攻め滅ぼす。
⑯ 撃《う》つ　弾丸や矢を発射する。
⑰ 打《う》つ　勢いよく当てる。
⑱ 移《うつ》す　位置を変える。
⑲ 写《うつ》す　何かをまねてそのとおりに作る。
⑳ 映《うつ》す　物の姿や映像が現れるようにする。
㉑ 犯《おか》す　規則や道徳に反することをする。
㉒ 冒《おか》す　困難や危険を乗り越えて行動する。
㉓ 侵《おか》す　他者の権利を損なう。不法に立ち入る。

㉔治《おさ》める　他者を率いて落ち着かせる。統治する。
㉕収《おさ》める　結果として手に入れる。
㉖納《おさ》める　金銭を払い込む。
㉗修《おさ》める　学問や技芸を身につける。
㉘顧《かえり》みる　過去を思い起こす。振り返って見る。
㉙省《かえり》みる　振り返って反省する。
㉚影《かげ》　物が光線をさえぎってできる、暗い部分。
㉛陰《かげ》　見えない所。
㉜欠《か》ける　一部がなくなる。
㉝掛《か》ける　かぶせてさげる。
㉞聞《き》く　尋ねる。
㉟聴《き》く　注意して意識的に耳に入れる。
㊱利《き》く　十分に機能する。
㊲効《き》く　効果が現れる。
㊳裂《さ》ける　切れて二つに割れる。
㊴避《さ》ける　関わりを持たないようにする。
㊵刺《さ》す　突き通す。
㊶差《さ》す　光が照らす。注ぐ。「射《さ》す」とも書く。
㊷挿《さ》す　物の中に入れる。
㊸指《さ》す　指し示す。
㊹触《さわ》る　手で触《ふ》れる。
㊺障《さわ》る　害になる。健康に悪い影響を与える。
㊻締《し》める　ゆるまないようにする。
㊼占《し》める　ある地位を自分のものとする。
㊽閉《し》める　閉《と》じる。
㊾済《す》む　十分間に合う。解決する。
㊿住《す》む　そこで生活する。
(51)澄《す》む　濁りがなくなる。透き通る。

---

(52)備《そな》える　準備をととのえる。
(53)供《そな》える　神仏などにさし上げる。
(54)立《た》つ　まっすぐ垂直になっている。直立する。
(55)発《た》つ　出発する。
(56)断《た》つ　道を通れないようにする。遮断する。
(57)裁《た》つ　布や紙を切る。裁断する。
(58)建《た》つ　建物が造られる。
(59)経《た》つ　時が過ぎる。経過する。
(60)着《つ》く　到着する。
(61)突《つ》く　細い物の先端で強く押す。
(62)就《つ》く　職業や役職に従事する。就職する。就任する。
(63)付《つ》く　くっつく。付着する。
(64)積《つ》む　物の上に物を置く。
(65)摘《つ》む　つまみとる。
(66)飛《と》ぶ　空中を移動する。飛行する。
(67)跳《と》ぶ　ジャンプする。跳躍する。
(68)勤《つと》める　働く。勤務する。
(69)努《つと》める　力を尽くす。努力する。
(70)務《つと》める　役目を受け持つ。
(71)溶《と》く　液状にする。
(72)説《と》く　わかるように話す。説明する。
(73)解《と》く　答えを出す。
(74)執《と》る　行う。運用する。処理する。
(75)捕《と》る　捕《つか》まえる。捕獲する。「獲《と》る」とも書く。
(76)採《と》る　雇い入れる。採用する。
(77)撮《と》る　音や映像を記録する。撮影する。
(78)治《なお》す　病気やけがを治療する。
(79)直《なお》す　修理する。

⑧⓪ 延《の》ばす　日時を遅らせる。延期する。
⑧① 伸《の》ばす　長くする。
⑧② 図《はか》る　実現を目指して計画を立てる。
⑧③ 謀《はか》る　企《くわだ》てる。たくらむ。
⑧④ 測《はか》る　長さや面積を調べる。
⑧⑤ 量《はか》る　重さや容積を調べる。
⑧⑥ 計《はか》る　時間や数を調べる。
⑧⑦ 離《はな》す　間をあける。
⑧⑧ 放《はな》す　捕らえたりつかんだりしていたのをやめる。
⑧⑨ 患《わずら》う　病気になる。
⑨⓪ 煩《わずら》う　思い悩む。

四字熟語

ケース 12-1 ● 熟語の完成38

① 一挙両得《いっきょりょうとく》　「一石二鳥《いっせきにちょう》」も同じ意味。

② 一心不乱《いっしんふらん》　「不乱」は「乱れず」と読める。

③ 紆余曲折《うよきょくせつ》　「紆余」も「曲折」も「曲がりくねる」という意味。

④ 隔靴掻痒《かっかそうよう》　もとは「靴《くつ》を隔てて痒《かゆ》いところを掻《か》く」という意味。

⑤ 艱難辛苦《かんなんしんく》　「艱難」も「辛苦」も「辛《つら》い目にあって苦しむ」という意味。

⑥ 閑話休題《かんわきゅうだい》　余談を打ち切って話題を本筋に戻すときに使う言葉。

⑦ 危機一髪《ききいっぱつ》　「危機と自分との間に髪の毛一本分の隙間しかないくらい、危機が迫っている状態」を表す。×「危機一発」

⑧ 疑心暗鬼《ぎしんあんき》　「鬼」は「幽霊」のこと。もとは「怖いと思う心で見れば、何もなくても暗闇に幽霊が見える」という意味。

⑨ 急転直下《きゅうてんちょっか》　「直下」は「一直線に落ちる」という意味。

⑩ 曲学阿世《きょくがくあせい》　「曲学」は「自分の学んだ真理を曲げて世間に合わせる」という意味。

⑪ 金科玉条《きんかぎょくじょう》　×「金貨玉条」

⑫ 厚顔無恥《こうがんむち》　×「紅顔無知」

⑬ 呉越同舟《ごえつどうしゅう》　「呉」と「越」は中国の春秋時代に敵対していた国。

⑭ 孤立無援《こりつむえん》　×「孤立無人」

⑮ 五里霧中《ごりむちゅう》　もとは「五里先まで立ちこめている霧の中にいる」という意味。×「五里夢中」

⑯ 自家撞着《じかどうちゃく》　「撞着」は「つじつまが合わない」という意味。

⑰ 獅子奮迅《ししふんじん》　「獅子が奮《ふる》い立って暴れ回るような激しい勢い」を表す。×「獅子奮闘」

⑱ 時代錯誤《じだいさくご》　×「時代錯覚・時代錯乱」

---

⑲ 自暴自棄《じぼうじき》　「自分の身を粗末に扱い、投げやりになる」という意味。

⑳ 秋霜烈日《しゅうそうれつじつ》　「秋霜」は「秋に草木を枯らす霜《しも》」、「烈日」は「夏に照りつける太陽」で、どちらも「厳格な人物」のたとえ。

㉑ 主客転倒《しゅかくてんとう》　「主↔客」の関係。

㉒ 順風満帆《じゅんぷうまんぱん》　もとは「順風（＝追い風）を帆にいっぱい受けて舟が進む」という意味。

㉓ 心機一転《しんきいってん》　×「心気一転」

㉔ 絶体絶命《ぜったいぜつめい》　×「絶対絶命」

㉕ 大器晩成《たいきばんせい》　×「大器挽成・大器逸成」

㉖ 泰然自若《たいぜんじじゃく》　×「泰然自弱」

㉗ 単刀直入《たんとうちょくにゅう》　「単刀」は「ひと振りの刀」または「一人で刀を振るう」という意味。×「短刀直入」

㉘ 沈思黙考《ちんしもっこう》　×「沈志黙考」

㉙ 天衣無縫《てんいむほう》　もとは「天人の衣服には縫い目がない」という意味。

㉚ 当意即妙《とういそくみょう》　×「当意即名」

㉛ 年功序列《ねんこうじょれつ》　×「年巧序列」

㉜ 博覧強記《はくらんきょうき》　「強記」は「記憶力が優れている」という意味。

㉝ 不倶戴天《ふぐたいてん》　もとは「倶《とも》に天を戴《いただ》くことができない→この世に共存できない」という意味。

㉞ 片言隻語《へんげんせきご》　「一言半句《いちごんはんく》」も同じ意味。

㉟ 明鏡止水《めいきょうしすい》　もとは「曇りのない鏡と静かな水面」という意味。

㊱ 優柔不断《ゆうじゅうふだん》　「断」は「決断・判断」と同じで、「決める」という意味。

㊲ 粒粒辛苦《りゅうりゅうしんく》　もとは「穀物の一粒一粒は農民の辛苦があって実ったものである」という意味。

㊳ 臨機応変《りんきおうへん》　「機《き》に臨《のぞ》み変《へん》に応《おう》ず」と読める。

ケース12-2 ●熟語の完成＋意味30

ⓐ

① 暗中模索《あんちゅうもさく》・エ　「暗い中で手さぐりする様子」を表す。

② 以心伝心《いしんでんしん》・ウ　「心を以《もっ》て心に伝《つた》う」と読める。

③ 因果応報《いんがおうほう》・ア　もとは仏教用語。

④ 有為転変《ういてんぺん》・オ　×「ゆういてんぺん」

⑤ 雲散霧消《うんさんむしょう》・イ　もとは「雲が散り、霧が消える様子」を表す。

⑥ 温故知新《おんこちしん》・イ　「故《ふる》きを温《たず》ねて(温《あたた》めて)新しきを知る」と読める。

ⓑ

⑦ 我田引水《がでんいんすい》・ウ　もとは「自分の田んぼにだけ水を引く」という意味。

⑧ 捲土重来《けんどちょうらい》・ア　「捲土重来を期す」という言い方で使う。

⑨ 公平無私《こうへいむし》・エ　×「公平無視」

⑩ 言語道断《ごんごどうだん》・オ　×「げんごどうだん」

⑪ 首尾一貫《しゅびいっかん》・オ　×「首尾一巻」

⑫ 神出鬼没《しんしゅつきぼつ》・ア　もとは「鬼神のように自由に出没する」という意味。

ⓒ

⑬ 信賞必罰《しんしょうひつばつ》・エ　「賞罰を厳格に行う」という意味。

⑭ 粉骨砕身《ふんこつさいしん》・ウ　×「粉骨砕心」

⑮ 傍若無人《ぼうじゃくぶじん》・イ　「傍《かたわ》らに人《ひと》無きが若《ごと》し」と読める。

⑯ 右往左往《うおうさおう》・オ　「右↕左」の関係。

⑰ 正真正銘《しょうしんしょうめい》・ウ　×「正真証明」

ⓓ

⑱ 徹頭徹尾《てっとうてつび》・ア　「頭↕尾」の関係。

⑲ 異口同音《いくどうおん》・イ　×「異工同音」

⑳ 同工異曲《どうこういきょく》・エ　×「同口異曲」

ⓔ

㉑ 自画自賛《じがじさん》・ウ

㉒ 自縄自縛《じじょうじばく》・イ　もとは「自分の縄《なわ》で自分を縛《しば》る」という意味。

㉓ 不偏不党《ふへんふとう》・オ　「不偏」は「偏《かたよ》らない」という意味。×「不変・不遍」

㉔ 不即不離《ふそくふり》・カ　×「不即不利」

㉕ 前人未踏《ぜんじんみとう》・ア　「前人未到」とも書く。

㉖ 前代未聞《ぜんだいみもん》・エ

ⓕ

㉗ 一衣帯水《いちいたいすい》・エ　「衣帯」は「帯《おび》」のこと。もとは「ひとすじの帯のように幅の狭い川や海」という意味。

㉘ 一網打尽《いちもうだじん》・ア　もとは「一度打った網《あみ》で魚をすべて捕る」という意味。

㉙ 一蓮托生《いちれんたくしょう》・イ　もとは「死後、極楽の同じ蓮華《れんげ》の上に生まれ変わる」という意味。

㉚ 一触即発《いっしょくそくはつ》・ウ　「危機一髪」と混同しないように注意。×「一触即髪」

ケース12-3 ● 熟語の完成＋意味33

a

① 夏炉冬扇《かろとうせん》・イ　「夏の炉〔＝火鉢《ひばち》〕と冬の扇《おうぎ》」から「役立たず」のたとえ。

② 喜怒哀楽《きどあいらく》・オ　「〈喜↔怒〉↔〈哀↔楽〉」の関係。

③ 玉石混淆《ぎょくせきこんこう》・エ　「玉」は「よいもの」、「石」は「悪いもの」を表す。

④ 空前絶後《くうぜんぜつご》・ア　「前代未聞《みもん》・未曽有《みぞう》」も同じような意味。

⑤ 弱肉強食《じゃくにくきょうしょく》・ウ　もとは「弱者の肉が強者の食料になる」という意味。

⑥ 針小棒大《しんしょうぼうだい》・カ　もとは「針のように小さいことを、棒のように大きく言う」という意味。

b

⑦ 大同小異《だいどうしょうい》・オ　「大↔小」「同↔異」の関係。

⑧ 東奔西走《とうほんせいそう》・イ　「東↔西」「奔＝走」の関係。

⑨ 内憂外患《ないゆうがいかん》・ア　「内↔外」「憂＝患」の関係。

⑩ 日進月歩《にっしんげっぽ》・カ　「日↔月」「進＝歩」の関係。

⑪ 平身低頭《へいしんていとう》・エ　「平＝低」「身↔頭」の関係。

⑫ 有名無実《ゆうめいむじつ》・ウ　「有↔無」「名↔実」の関係。

c

⑬ 一期一会《いちごいちえ》・イ　読み方にも注意。

⑭ 一攫千金《いっかくせんきん》・ウ　×「一穫千金」

⑮ 一石二鳥《いっせきにちょう》・ア　「一挙両得《いっきょりょうとく》」も同じ意味。

⑯ 岡目八目《おかめはちもく》・カ　「傍目八目」とも書く。

⑰ 七転八倒《しちてんばっとう》・キ　「しってんばっとう」とも読む。

⑱ 四面楚歌《しめんそか》・エ　楚《そ》の項羽《こうう》が漢《かん》に敗れて包囲されたとき、四方を囲む漢軍の中から楚の歌をうたうのが聞こえてきて、項羽は楚の民が漢軍の手に落ちたと思って嘆き、覚悟を決めた、という故事にもとづく。

⑲ 森羅万象《しんらばんしょう》・オ　×「森羅万像」

d

⑳ 千載一遇《せんざいいちぐう》・イ　「遇」は「出会う」という意味の字。×「偶・隅」

㉑ 千差万別《せんさばんべつ》・ウ　「せんさまんべつ」とも読む。

㉒ 千変万化《せんぺんばんか》・エ　㉑との使い分けに注意。

㉓ 朝三暮四《ちょうさんぼし》・キ　「朝に三つ、暮れに四つ、トチの実をやる」と言ったのを、「朝に四つ、暮れに三つ」と言い換えてごまかした、という故事にもとづく。「方針がすぐに変更されて、あてにならない」という意味の「朝令暮改《ちょうれいぼかい》」と混同しないように注意。

㉔ 二束三文《にそくさんもん》・ア　×「二足三文」

㉕ 八方美人《はっぽうびじん》・カ　×「八宝美人」

㉖ 波瀾万丈《はらんばんじょう》・オ　「波乱万丈」と表記されることもあるが、本来は「波瀾万丈」。

e

㉗ 牛飲馬食《ぎゅういんばしょく》・ア　「暴飲暴食」とすると「度を過ごしてむやみに飲食する」という意味になる。

㉘ 鶏口牛後《けいこうぎゅうご》・カ　「鶏口」は「小さな集団の長」、「牛後」は「大きな集団の末端」を表す。

㉙ 鶏鳴狗盗《けいめいくとう》・キ　「鶏鳴」は「鶏《にわとり》の鳴きまねをする人」、「狗盗」は「狗《いぬ》〔＝犬〕のように盗みをする人」を表す。

㉚ 虎視眈眈《こしたんたん》・エ　もとは「虎《とら》が獲物をねらう様子」を表す。

㉛ 多岐亡羊《たきぼうよう》・ウ　もとは「枝道が多くて、逃げた羊を見失う」という意味。

㉜ 馬耳東風《ばじとうふう》・オ　もとは「馬の耳に東風〔＝春風〕が吹いても、馬には何の感動もない」という意味。

㉝ 竜頭蛇尾《りゅうとうだび》・イ　もとは「頭は竜で勢いがよいが、尾は蛇《へび》で勢いがない」という意味。

ケース 12-4

① イ
② ウ
③ ア
④ ウ
⑤ イ
⑥ ア
⑦ ウ
⑧ イ
⑨ イ
⑩ ア
⑪ ア
⑫ ア
⑬ ア
⑭ ウ
⑮ ア
⑯ ウ
⑰ ウ
⑱ ア

●熟語の完成26

悪戦苦闘《あくせんくとう》＝困難の中で苦しみながら努力すること。
一目瞭然《いちもくりょうぜん》＝一目《ひとめ》見ただけではっきりとわかること。
一気呵成《いっきかせい》＝仕事をひといきに成し遂げること。
栄枯盛衰《えいこせいすい》＝栄えたり衰えたりすること。×「栄枯盛哀」
臥薪嘗胆《がしんしょうたん》＝目的を達成するために苦労と努力を重ねること。薪《たきぎ》の上に寝て復讐《ふくしゅう》の意志を忘れないようにし、苦い胆《きも》を嘗《な》めて敗戦の恥を思い出すようにした、という故事にもとづく。
画竜点睛《がりょうてんせい》＝完成させるために、最後に行う大切な仕上げ。竜の画に睛〔＝ひとみ〕を描き入れたら、竜が天に昇った、という故事にもとづく。×「画竜点晴」
換骨奪胎《かんこつだったい》＝先人の作品に新味を加えて、独自の作品を作ること。
旧態依然《きゅうたいいぜん》＝もとのままで変化がないこと。
荒唐無稽《こうとうむけい》＝考えによりどころがなく、でたらめなこと。
才色兼備《さいしょくけんび》＝優れた才能と美しい容姿を兼ね備えていること。
山紫水明《さんしすいめい》＝山や川の風景が清浄で美しいこと。
時期尚早《じきしょうそう》＝行うにはまだ早すぎること。
試行錯誤《しこうさくご》＝いろいろ試して失敗しながら完成に近づけていくこと。
質実剛健《しつじつごうけん》＝飾り気がなく、まじめで、たくましいこと。
縦横無尽《じゅうおうむじん》＝自由自在に行うこと。
取捨選択《しゅしゃせんたく》＝必要なものを選び取り、不要なものを捨てること。
枝葉末節《しようまっせつ》＝主要でない部分。
支離滅裂《しりめつれつ》＝筋道が立たず、まとまりがないこと。

---

⑲ イ
⑳ ウ
㉑ ア
㉒ ウ
㉓ イ
㉔ ウ
㉕ ア
㉖ ア

清廉潔白《せいれんけっぱく》＝心が清くて私欲がないこと。
切磋琢磨《せっさたくま》＝仲間どうし互いに励まし合って向上すること。
大言壮語《たいげんそうご》＝実力以上の大きなことを言うこと。また、その言葉。×「大言荘語」
朝令暮改《ちょうれいぼかい》＝法令や方針などがすぐに変更されて、あてにならないこと。もとは「朝に出した命令を、夕方にはもう改める」という意味。
直情径行《ちょくじょうけいこう》＝感情のまま言動に表すこと。×「直情経行」
天真爛漫《てんしんらんまん》＝飾ることなく純真で無邪気なこと。
美辞麗句《びじれいく》＝美しく飾りたてた文句。
付和雷同《ふわらいどう》＝しっかりとした考えがなく、他人にすぐ同調すること。「付和」は「たやすく他人に同調する」という意味。「雷同」は「雷の音に万物が応じて響く」という意味。×「不和雷同・付和雷動」

item 13 イディオム

ケース 13-1

● 語句の完成14［体に関連する慣用句・ことわざ］

① 足《あし》を洗《あら》う
「顔を洗って出直して来い」という言い方と混同しないように注意。

② 勇《いさ》み足《あし》

③ 後《うし》ろ髪《がみ》を引《ひ》かれる

④ 腕《うで》が鳴《な》る

⑤ 顔《かお》に泥《どろ》を塗《ぬ》る

⑥ 肩《かた》の荷《に》が降《お》りる

⑦ 口《くち》が減《へ》らない
「減らず口をたたく」も同じ意味。

⑧ 首《くび》をひねる

⑨ 頭《ず》が高《たか》い
「頭《ず》」の読み方にも注意。

⑩ 鼻《はな》に掛《か》ける
「目に掛ける（目を掛ける）」とすると「面倒を見る。ひいきする」という意味になる。

⑪ 腹《はら》に据《す》えかねる

⑫ 耳《みみ》をそろえる

⑬ 目《め》から鼻《はな》へ抜《ぬ》ける

⑭ 弱《よわ》り目《め》にたたり目《め》
「泣き面《つら》に蜂」も同じ意味。

ケース 13-2

● 語句の完成20［動物に関連する慣用句・ことわざ］

① 生《い》き馬《うま》の目《め》を抜《ぬ》く

② 一寸《いっすん》の虫《むし》にも五分《ごぶ》の魂《たましい》
「一寸」は「約三センチメートル」、「五分」は「一寸の半分の長さ」を表す。

③ 馬《うま》が合《あ》う

④ 馬《うま》の耳《みみ》に念仏《ねんぶつ》
「馬の耳に念仏」「猫に小判」「豚に真珠」は、それぞれ「価値のわからない者に貴重なものを与えるのは無意味だ」という意味。

⑤ 亀《かめ》の甲《こう》より年《とし》の劫《こう》
「劫」は「非常に長い時間」という意味。

⑥ 犬猿《けんえん》の仲《なか》

⑦ 猿《さる》も木《き》から落《お》ちる
「弘法《こうぼう》にも筆の誤り」「河童《かっぱ》の川流れ」「上手の手から水が漏れる」も同じ意味。

⑧ 尻馬《しりうま》に乗《の》る
もとは「他の人が乗っている馬の後ろに乗る」という意味。

⑨ 立《た》つ鳥跡《とりあと》を濁《にご》さず
×「立つ鳥後を濁さず」

⑩ 蓼食《たでく》う虫《むし》も好《す》き好《ず》き
「蓼」は薬味に使う植物で、辛みがある。

⑪ 飛《と》んで火《ひ》に入《い》る夏《なつ》の虫《むし》

⑫ 逃《に》がした魚《さかな》は大《おお》きい

⑬ 猫《ねこ》に小判《こばん》
④を参照。

⑭ 猫《ねこ》の手《て》も借《か》りたい

⑮ 猫《ねこ》をかぶる

⑯ 能《のう》ある鷹《たか》は爪《つめ》を隠《かく》す

⑰ 馬脚《ばきゃく》を現《あらわ》す
「馬脚を露《あら》わす」とも書く。「馬脚」は「芝居で馬の脚を演じる役者」という意味。

⑱ 瓢箪《ひょうたん》から駒《こま》が出《で》る
「駒」は「馬」という意味。

⑲ 虫《むし》がいい

⑳ 藪《やぶ》をつついて蛇《へび》を出《だ》す
略して「藪蛇《やぶへび》」ともいう。

ケース13-3 ● 語句の完成20 [いろいろな慣用句・ことわざ]

① 石《いし》の上《うえ》にも三年《さんねん》
② 一《いち》を聞《き》いて十《じゅう》を知《し》る
③ 火中《かちゅう》の栗《くり》を拾《ひろ》う
④ 果報《かほう》は寝《ね》て待《ま》て
⑤ 枯《か》れ木《き》も山《やま》のにぎわい
⑥ かわいい子《こ》には旅《たび》をさせよ
⑦ 木《き》に竹《たけ》を接《つ》ぐ
⑧ 弘法《こうぼう》にも筆《ふで》の誤《あやま》り
⑨ 転《ころ》んでもただでは起《お》きぬ
⑩ 朱《しゅ》に交《まじ》われば赤《あか》くなる
⑪ 上手《じょうず》の手《て》から水《みず》が漏《も》れる
⑫ 棚《たな》からぼた餅《もち》
⑬ 旅《たび》の恥《はじ》はかき捨《す》て
⑭ 旅《たび》は道連《みちづ》れ世《よ》は情《なさ》け
⑮ 鉄《てつ》は熱《あつ》いうちに打《う》て
⑯ 出《で》る杭《くい》は打《う》たれる
⑰ 火《ひ》のない所《ところ》に煙《けむり》は立《た》たぬ
⑱ 仏《ほとけ》作《つく》って魂《たましい》入《い》れず
⑲ 待《ま》てば海路《かいろ》の日和《ひより》あり
⑳ 横《よこ》やりを入《い》れる

「雨《あま》垂《だ》れ石《いし》を穿《うが》つ」も同じ意味。

猿におだてられた猫が火の中の栗を拾って大やけどをしたという、ラ・フォンテーヌの寓話《ぐうわ》による。

「待てば海路の日和あり」も同じ意味。

「人が集まればにぎやかになる」という意味ではない。

「書の名人である弘法大師にも書き損じはある」ということからできた言葉。「河童《かっぱ》の川流れ」「猿も木から落ちる」「上手の手から水が漏れる」も同じ意味。

⑧を参照。

略して「たなぼた」ともいう。

もとはイギリスのことわざ。

「仏作って眼《まなこ》を入れず」も同じ意味。

④を参照。

ケース13-4 ● 用法12 [三字熟語]

① ア
② ウ
③ ウ
④ ア
⑤ ア
⑥ イ
⑦ イ
⑧ ウ
⑨ ア
⑩ ウ
⑪ イ
⑫ ウ

値千金《あたいせんきん》＝価値が高いこと。
画期的《かっきてき》＝新しい時代を開くほど優れていること。
擬人法《ぎじんほう》＝人間でないものを人間に見立てて表現すること。×「疑人法・凝人法」
常套句《じょうとうく》＝いつも決まって言う文句。
醍醐味《だいごみ》＝深い味わい。本当の楽しさ。「醍醐」は、牛乳から作った、古代のチーズのような食べ物。たいへん美味で貴重品だった。
通時的《つうじてき》＝時間の流れにそって記述すること。
野放図《のほうず》＝勝手気ままなこと。×「やほうず」
不条理《ふじょうり》＝筋が通らないこと。道理に合わないこと。
不世出《ふせいしゅつ》＝めったに世に出ないほど優れていること。
不如意《ふにょい》＝経済的に苦しいこと。
未曽有《みぞう》＝いまだかつて一度もなかったこと。×「みぞゆう」
理不尽《りふじん》＝道理に合わないこと。

ケース 13-5

● 用法26［故事成語］

① ウ **杞憂《きゆう》**＝無用の心配をすること。杞の国に天が落ちてこないか心配した人がいた、という故事による。

② イ **推敲《すいこう》**＝文章をよりよいものにするために練り直すこと。詩を作っていて「推《お》す」か「敲《たた》く」かどちらの表現を使うのがよいか迷った、という故事による。

③ ア **杜撰《ずさん》**＝いいかげんなこと。杜黙《ともく》の作った詩が定型詩の規則に合っていなかった、という故事による。

④ イ **蛇足《だそく》**＝余計なこと。蛇の絵に足を描き加えて失敗した、という故事による。

⑤ ウ **白眉《はくび》**＝同類の中で特に優れていること。優秀な五兄弟のうち、眉毛の白い者が最も優れていた、という故事による。

⑥ ウ **矛盾《むじゅん》**＝つじつまが合わないこと。何でも貫く矛《ほこ》と、何でも防ぐ盾《たて》を売っていた男の故事による。

⑦ ア **登竜門《とうりゅうもん》**＝立身出世の狭い関門。「登竜」は中国黄河にある急流。ここを遡《さかのぼ》った鯉《こい》は竜になる、と言われていた。

⑧ ウ **井《い》の中《なか》の蛙《かわず》**＝狭い世界に閉じこもって、広い世界があることを知らない。「井の中の蛙大海を知らず」ともいう。

⑨ ウ **襟《えり》を正《ただ》す**＝態度を改め、まじめな気持ちで物事に当たる。「襟」は「ころもへん」。

⑩ ア **快刀乱麻《かいとうらんま》を断《た》つ**＝よく切れる刀で絡み合った麻《あさ》の糸をばっさり切るように、難しい問題を見事に処理する。

⑪ ア **肝胆相照《かんたんあいて》らす**＝心の底まで親しく交わる。

⑫ ア **牛耳《ぎゅうじ》を執《と》る**＝組織を自分の思い通りに動かす。

⑬ ア **窮鼠猫《きゅうそねこ》を嚙《か》む**＝窮地に追い詰められた鼠《ねずみ》が猫に嚙みつくように、追い詰められた弱者が強者に反撃する。

⑭ イ **漁夫《ぎょふ》の利《り》**＝争っているうちに第三者が利益を得る。貝と鳥が争っているうちに、どちらも漁師に捕まえられてしまった、という故事による。

⑮ ア **苦肉《くにく》の策《さく》**＝苦しまぎれに考えた作戦。戦術の名称。『三国《さんごく》志《し》』に登場する。

⑯ ウ **蛍雪《けいせつ》の功《こう》**＝苦学をした成果。貧しい学生が蛍の光と窓の雪で勉強した、という故事による。

⑰ イ **逆鱗《げきりん》に触《ふ》れる**＝目上の人を激しく怒らせる。逆さに生えた竜の鱗《うろこ》を触ると、竜が激怒して殺されてしまう、という伝説による。

⑱ ウ **塞翁《さいおう》が馬《うま》**＝人生の幸・不幸は予測できない。塞翁という老人に、馬をめぐって幸運と不運が転々と訪れた、という故事による。

⑲ ウ **三顧《さんこ》の礼《れい》**＝礼儀を尽くして仕事を頼む。諸葛孔明《しょかつこうめい》を軍師として迎えるために、そのもとを三度訪ねた、という故事による。

⑳ ウ **出藍《しゅつらん》の誉《ほま》れ**＝弟子が師匠を越えて優れている。草の「藍《あい》」からとれる染料の「青」は、もとの「藍」よりも濃い色になる、ということにもとづく。「青は藍より出でて藍より青し」も同じ意味。

㉑ イ **食指《しょくし》が動《うご》く**＝興味・関心が起こる。ご馳走《ちそう》が出そうになると食指（＝人差し指）が動く、という故事による。

㉒ ア **人口《じんこう》に膾炙《かいしゃ》する**＝広く人々の口にのぼってもてはやされる。膾《なます》や炙（＝あぶった肉）は多くの人々の口においしく感じられる、ということにもとづく。×「人工に〜」

㉓ ウ **青天《せいてん》の霹靂《へきれき》**＝突然起こった大事件。「霹靂」は「雷」のこと。「青天の霹靂」で「青い空に突然起こる雷」という意味。

㉔ ア
㉕ ウ
㉖ ア

俎上《そじょう》に載《の》せる＝批評などの対象として取り上げる。「俎上」は「まな板の上」という意味。
他山《たざん》の石《いし》＝自分の向上にとって助けとなる、他人のつまらない言動。中国の『詩経《しきょう》』に「他山の石以《もっ》て玉を攻《おさ》むべし」と出てくる。「よその山の粗悪な石も、玉を磨くのに役立つ」という意味。
断腸《だんちょう》の思《おも》い＝耐え難いほどのひどく悲しい気持ち。子を奪われた母猿の腸が細かく断ち切れていた、という故事による。

ケース 13-6

① ウ
② ウ
③ ア
④ ウ
⑤ イ
⑥ ア
⑦ ウ
⑧ イ
⑨ ウ
⑩ ウ
⑪ イ
⑫ ア
⑬ イ
⑭ イ
⑮ イ

●用法36［体に関連する慣用句・ことわざ］

一目置《いちもくお》く＝相手の力量を認めて、敬意を表す。もとは囲碁の用語。囲碁では、弱いほうが石を一つ置いて試合を始める。
大手《おおで》を振《ふ》る＝誰にもはばからずに行動する。
間髪《かんはつ》を入れず＝即座に。とっさに。「間に髪の毛一本を入れる隙間もない」という意味。×「かんぱつを～」
肝《きも》に銘《めい》ずる＝忘れないように深く心に刻みつける。×「肝に命ずる」
口裏《くちうら》を合《あ》わせる＝前もって打ち合わせて、互いの話が食い違わないようにする。
口車《くちぐるま》に乗《の》る＝巧みな言葉にだまされる。
口火《くちび》を切《き》る＝物事を最初に行って、きっかけをつくる。
口《くち》を滑《すべ》らす＝言ってはいけないことや、言う必要のないことを、うっかりしゃべる。「口が滑る」も同じ意味。
首《くび》を長《なが》くする＝今か今かと待ちわびる。
腰《こし》が重《おも》い＝気軽に行動を起こそうとしない。「口が重い」は「口数が少なくて、あまりしゃべらない」という意味。
腰《こし》が低《ひく》い＝他人に対してへりくだっている。「腰が軽い」は気軽なさま、また、軽率なさまを表す。
腰《こし》を据《す》える＝落ち着いて物事を行う。
歯牙《しが》にも掛《か》けない＝まったく問題にしない。
背《せ》に腹《はら》はかえられない＝目前の重大なことのためには、他を犠牲にすることもやむを得ない。
爪《つめ》に火《ひ》をともす＝ひどく倹約する。ろうそくの代わりに爪に火をともすほどの倹約ぶりを表す。非常にけちなことも表す。

⑯ウ
⑰ウ
⑱イ
⑲ウ
⑳ア
㉑イ
㉒ウ
㉓ア
㉔イ
㉕ウ
㉖ウ
㉗イ
㉘イ
㉙ウ
㉚ア
㉛ウ
㉜ウ
㉝ア
㉞イ
㉟イ
㊱ア

濡《ぬ》れ手《て》で粟《あわ》＝苦労しないで利益を得る。
寝耳《ねみみ》に水《みず》＝不意の出来事に驚く。
鼻《はな》っ柱《ぱしら》が強《つよ》い＝気が強く、容易に妥協しない。
鼻《はな》につく＝嫌みに感じられる。
鼻持《はなも》ちならない＝言動が嫌みで見聞きするに堪えない。
鼻《はな》を明《あ》かす＝出し抜いて、あっと言わせる。
鼻《はな》を高《たか》くする＝誇らしく得意に思う。
歯《は》に衣着《きぬき》せぬ＝思っていることを遠慮なく言う。
身《み》の丈《たけ》に合《あ》う＝分相応に対処すること。
耳《みみ》が痛《いた》い＝人の言うことが自分の弱点をついていて、聞くのがつらい。
耳《みみ》をそばだてる＝注意して聞く。聞き耳を立てる。
眉《まゆ》をひそめる＝いやなことや心配事のために顔をしかめる。
胸《むね》に一物《いちもつ》＝心の中にたくらみを抱く。
目《め》からうろこが落《お》ちる＝何かのきっかけで真実を理解する。
目《め》に余《あま》る＝ひどすぎて見ていられない。「手に余る」は「自分の能力を超えていて処理できない」という意味。
目《め》に角《かど》を立《た》てる＝怒ってにらみつける。
目《め》に物見《ものみ》せる＝こらしめのために、ひどい目にあわせる。
目《め》を疑《うたが》う＝意外なことを見て驚き、信じられない。「耳を疑う」は「意外なことを聞いて驚き、信じられない」という意味。
目《め》を皿《さら》にする＝目を大きく開いて、物を探し求める。
目《め》を光《ひか》らす＝厳重に監視する。鋭い目つきで見張る。
脇目《わきめ》も振《ふ》らず＝他のことに気をとられず、一心に。

ケース13-7

①ウ
②イ
③ウ
④ウ
⑤ウ
⑥ア
⑦ア
⑧ウ
⑨イ
⑩ウ
⑪イ
⑫ウ
⑬ア
⑭ア
⑮ア
⑯ア
⑰ア
⑱ウ
⑲イ
⑳ア

●用法39［いろいろな慣用句・ことわざ］

悪態《あくたい》をつく＝面と向かって悪口を言う。
あらずもがな＝ないほうがよい。「もがな」は願望を表す終助詞。
あられもない＝(特に身だしなみとして)不都合である。
案外《あんがい》＝予想と違う。「案に違《たが》わず」「案の定《じょう》」は「予想していたとおり」という意味。
息《いき》を殺《ころ》す＝呼吸をおさえて、じっとしている。
いけすかない＝気に入らない。
一刻《いっこく》を争《あらそ》う＝急を要する。
一矢《いっし》を報《むく》いる＝わずかでも反撃する。×「いちやを～」
一石《いっせき》を投《とう》じる＝反響を呼ぶような問題提起をする。
色《いろ》をなす＝怒って顔色を変える。
いわれない＝正当な理由がない。
うがちすぎ＝度が過ぎて、かえって本質から外れる。
嘘《うそ》も方便《ほうべん》＝時には嘘をつかねばならないこともある。
おためごかし＝相手のためであるかのように見せて、自分の利益を図る。
お茶《ちゃ》を濁《にご》す＝いいかげんにしてその場をごまかす。
河童《かっぱ》の川流《かわなが》れ＝どんな名人も、時には失敗することがある。「弘法《こうぼう》にも筆の誤り」「猿も木から落ちる」「上手の手から水が漏れる」も同じ意味。
気《き》が置《お》けない＝気遣いしなくてよい。遠慮が要らない。「気が許せない」と勘違いすることがたいへん多く、要注意。
沽券《こけん》に関《かか》わる＝評判や対面に差し障りとなる。
慚愧《ざんき》に堪《た》えない＝自分を恥ずかしく思う。
象牙《ぞうげ》の塔《とう》＝学者などの、現実世界から離れた研究生活。

㉑ ア
茶茶《ちゃちゃ》を入れる＝ひやかして妨げる。

㉒ イ
取《と》り付《つ》く島《しま》がない＝頼りとしてすがる手がかりがない。

㉓ イ
長《なが》い物《もの》には巻かれよ＝勢力のある相手には逆らうより従うほうがよい。

㉔ イ
情《なさ》けは人《ひと》のためならず＝人に親切にしておけば、必ずよい報いがある。「情けをかけると相手のためにならない」という間違った意味で使っている人がたいへん多い。

㉕ イ
糠喜《ぬかよろこ》び＝あてがはずれてがっかりするような、一時的な喜び。

㉖ ウ
抜《ぬ》き差《さ》しならない＝どうにも身動きがとれない。「退《の》っ引《ぴ》きならない」も同じ意味。

㉗ ウ
拍車《はくしゃ》を掛《か》ける＝物事の進行を一段とはやめる。

㉘ イ
筆舌《ひつぜつ》に尽《つ》くしがたい＝言葉で表現しきれないほどはなはだしい。

㉙ イ
人《ひと》を食《く》う＝人をばかにしたような態度をとる。

㉚ ウ
氷山《ひょうざん》の一角《いっかく》＝明るみに出た、全体のほんのわずかな部分。

㉛ ア
判官《ほうがん》びいき＝弱者に同情して味方する。「判官《はんがん》」とも読む。

㉜ ア
枚挙《まいきょ》にいとまがない＝たくさんありすぎて数え切れない。

㉝ イ
魔《ま》が差《さ》す＝ふと邪念が起こって行動を誤る。「魔物が入り込んだよう」という意味。

㉞ イ
馬子《まご》にも衣装《いしょう》＝誰でも外見を飾れば立派に見える。

㉟ ア
水《みず》に流《なが》す＝過去のことをすべてなかったことにする。「手《て》塩《しお》に掛《か》ける」は「みずからいろいろと世話をする」という意味。「まな板《いた》に載《の》せる」は「批判などの対象としてとり上げる」という意味。

㊱ イ
水《みず》をさす＝うまくいっていることを邪魔する。

㊲ イ
無用《むよう》の長物《ちょうぶつ》＝役に立たず、かえって邪魔になる。

㊳ イ
焼《や》け石《いし》に水《みず》＝努力や援助が少なくて、何の役にも立たない。「立《た》て板《いた》に水《みず》」は「すらすらと話す」という意味。「蛙《かえる》の面《つら》に水《みず》」は「どんな仕打ちをされても平気でいる」という意味。

㊴ ア
埒《らち》が明《あ》かない＝事態が進展しない。決着がつかない。

item 14 対義語・類義語

ケース 14-1

● 熟語の作成12［対義語］

① 特殊《とくしゅ》　普通と異なっていること。
② 帰納《きのう》　具体例から一般的なルールを導くこと。
③ 質素《しっそ》　つつましいこと。
④ 多弁《たべん》　口数が多いこと。「饒舌《じょうぜつ》」も可。
⑤ 安全《あんぜん》　危なくなくて安心なこと。
⑥ 就寝《しゅうしん》　眠りにつくこと。
⑦ 失望《しつぼう》　あてが外れてがっかりすること。「落胆《らくたん》」も可。
⑧ 生産《せいさん》　作りだすこと。
⑨ 一様《いちよう》　みな同じようであること。
⑩ 人工《じんこう》　人がつくること。
⑪ 地味《じみ》　華やかさがなくて目立たないこと。
⑫ 凝固《ぎょうこ》　固まること。

ケース 14-2

● 一字書き換え8［対義語］

① 被害《ひがい》　害を被《こうむ》ること。
② 順境《じゅんきょう》　物事がうまくいっている境遇。
③ 潜在《せんざい》　内に潜んで、表面にあらわれないこと。
④ 客観《きゃっかん》　第三者の立場から考えること。
⑤ 相対《そうたい》　他と関係づけて捉えること。
⑥ 間接《かんせつ》　間に他のものを置くこと。
⑦ 鈍感《どんかん》　感じ方が鈍いこと。
⑧ 悲観《ひかん》　悪い見通しを持つこと。

ケース 14-3

● 空欄補充36［対義語］

① 虐待《ぎゃくたい》　むごい扱いをすること。
② 危険《きけん》　危ないこと。
③ 動揺《どうよう》　落ち着かず不安定な状態であること。
④ 自立《じりつ》　自分一人の力で行うこと。
⑤ 一瞬《いっしゅん》　非常に短い時間。
⑥ 左遷《させん》　地位が下がって転任すること。
⑦ 短縮《たんしゅく》　期間や長さを縮めること。
⑧ 閉鎖《へいさ》　閉めて出入りできないようにすること。
⑨ 詳細《しょうさい》　細かくて詳しいこと。
⑩ 実在《じつざい》　現実に存在すること。
⑪ 保守《ほしゅ》　旧来どおり守り続けようとすること。
⑫ 未来《みらい》　将来。
⑬ 故意《こい》　わざとたくらんでずること。
⑭ 冷却《れいきゃく》　冷やすこと。
⑮ 悲嘆《ひたん》　悲しみ嘆くこと。
⑯ 繁忙《はんぼう》　仕事が多くて忙しいこと。
⑰ 放任《ほうにん》　ほうっておくこと。
⑱ 複雑《ふくざつ》　こみ入っていること。
⑲ 隆起《りゅうき》　土地などが盛り上がること。
⑳ 温暖《おんだん》　暖かいこと。
㉑ 忘却《ぼうきゃく》　忘れてしまうこと。
㉒ 権利《けんり》　当然のこととして要求できる資格。
㉓ 需要《じゅよう》　必要なものを求めること。

㉔ 病弱《びょうじゃく》　弱くて病気がちなこと。
㉕ 真実《しんじつ》　本当のこと。
㉖ 承認《しょうにん》　認めること。
㉗ 抽象《ちゅうしょう》　共通する要素を抜き出すこと。形を持たない。
㉘ 中断《ちゅうだん》　途中でやめること。
㉙ 重厚《じゅうこう》　おもおもしいこと。
㉚ 結果《けっか》　物事の行き着く先。
㉛ 寛容《かんよう》　厳しくとがめず寛大に受け入れること。
㉜ 守備《しゅび》　相手から守ること。
㉝ 低下《ていか》　レベルが下がること。
㉞ 前進《ぜんしん》　前に進むこと。
㉟ 販売《はんばい》　売ること。
㊱ 滅亡《めつぼう》　滅びること。

ケース 14-4　● 書き取り68 ［対義語］

① 苦痛《くつう》　苦しみや痛みがあること。
② 凡人《ぼんじん》　特徴のない普通の人。
③ 恥辱《ちじょく》　恥ずかしい思いをさせられること。
④ 不和《ふわ》　仲が悪いこと。
⑤ 過激《かげき》　度を超して激しいこと。
⑥ 終了《しゅうりょう》　終わること。
⑦ 縮小《しゅくしょう》　規模を小さくすること。
⑧ 喪失《そうしつ》　失うこと。
⑨ 終点《しゅうてん》　終わるところ。
⑩ 受理《じゅり》　受け取って処理すること。
⑪ 慢性《まんせい》　長い間その状態が続くこと。
⑫ 充実《じゅうじつ》　中身がいっぱいであること。
⑬ 必然《ひつぜん》　必ずそうなること。
⑭ 尊敬《そんけい》　相手を敬うこと。
⑮ 低俗《ていぞく》　下品で教養がないこと。
⑯ 流動《りゅうどう》　とどまらず流れ動くこと。
⑰ 韻文《いんぶん》　詩や俳句など、リズムを持つ文章。
⑱ 応答《おうとう》　質問に答えること。
⑲ 未熟《みじゅく》　経験不足で上手にできないこと。
⑳ 非難《ひなん》　欠点や過失を責めること。
㉑ 軽率《けいそつ》　軽々しく行うこと。
㉒ 疎遠《そえん》　交際が途絶えがちになること。
㉓ 粗雑《そざつ》　あらっぽくて行き届かないこと。
㉔ 模倣《もほう》　まねをすること。
㉕ 子孫《しそん》　自分より後の世代の人々。
㉖ 複合《ふくごう》　いろいろなものがまじっていること。
㉗ 混乱《こんらん》　ルールが守られず、調和を失っていること。
㉘ 普遍《ふへん》　すべてのものに当てはまること。
㉙ 購入《こうにゅう》　買うこと。
㉚ 消滅《しょうめつ》　消えてなくなること。
㉛ 黒字《くろじ》　利益が出ること。
㉜ 不安《ふあん》　心配なこと。
㉝ 返信《へんしん》　返事となる通信。
㉞ 未決《みけつ》　まだ決まっていないこと。
㉟ 絶望《ぜつぼう》　望みをなくすこと。
㊱ 軟弱《なんじゃく》　弱気で言うなりになりやすいこと。
㊲ 禁止《きんし》　否定して、行えないようにすること。
㊳ 例外《れいがい》　原則にあてはまらないこと。
㊴ 反対《はんたい》　それではだめだと認めないこと。
㊵ 解散《かいさん》　別れて散らばること。

㊶ 退任《たいにん》 仕事や役をやめること。
㊷ 到着《とうちゃく》 ゴールすること。
㊸ 違反《いはん》 決まりを破ること。
㊹ 失敗《しっぱい》 うまくいかないこと。
㊺ 乱雑《らんざつ》 乱れてめちゃくちゃなこと。
㊻ 平和《へいわ》 争いがなく穏やかなこと。
㊼ 減少《げんしょう》 減ること。
㊽ 解放《かいほう》 解き放して自由にすること。
㊾ 利益《りえき》 もうけを得ること。
㊿ 勤勉《きんべん》 一生懸命にがんばること。
(51) 濃厚《のうこう》 濃いこと。
(52) 起立《きりつ》 立ち上がること。
(53) 下落《げらく》 物価や相場が下がること。
(54) 硬化《こうか》 硬くなること。
(55) 国産《こくさん》 国内で生産すること。
(56) 差別《さべつ》 扱いに差をつけること。
(57) 反抗《はんこう》 相手の言うことに従わないこと。
(58) 過剰《かじょう》 必要以上にあること。
(59) 集中《しゅうちゅう》 一か所に集まること。
(60) 統合《とうごう》 まとめ合わせて一つにすること。
(61) 決定《けってい》 結論をはっきり決めること。
(62) 敵対《てきたい》 対立すること。
(63) 困難《こんなん》 物事を行うのがとても難しいこと。
(64) 陰気《いんき》 暗くて悲観的なこと。
(65) 促進《そくしん》 速く進むように勢いをつけること。
(66) 現実《げんじつ》 実際に存在している事実。
(67) 興奮《こうふん》 気分が高ぶること。
(68) 倹約《けんやく》 無駄遣いしないようにすること。

ケース 14-5

● 書き取り20［相反する意味の漢字］

① 愛憎《あいぞう》 ×「愛憎」
② 禍福《かふく》 「禍・福」の部首はどちらも「しめすへん」。
③ 起伏《きふく》
④ 虚実《きょじつ》 ×「嘘実」
⑤ 経緯《けいい》 ×「経偉・径緯」
⑥ 功罪《こうざい》 ×「巧罪」
⑦ 公私《こうし》
⑧ 巧拙《こうせつ》 ×「功拙」
⑨ 硬軟《こうなん》
⑩ 攻防《こうぼう》
⑪ 細大《さいだい》 ×「最大」
⑫ 死活《しかつ》
⑬ 雌雄《しゆう》 「雌」が「メス」で、「雄」が「オス」。
⑭ 授受《じゅじゅ》 ×「受授」
⑮ 首尾《しゅび》 ×「守備」
⑯ 進退《しんたい》
⑰ 貸借《たいしゃく》
⑱ 難易《なんい》 ×「なんえき」
⑲ 浮沈《ふちん》
⑳ 抑揚《よくよう》 ×「抑陽」

ケース 14-6

● 書き取り44［類義語］

① 廉価《れんか》　値段が安いこと。「廉」は「安い」という意味。
② 意外《いがい》　予想と違うこと。思いのほか。×「以外」
③ 先導《せんどう》　導いて行くこと。
④ 異議《いぎ》　反対の意見。不服。×「異義」
⑤ 端緒《たんしょ》　きっかけ。「端緒《たんちょ》」は慣用的な読み方。
⑥ 名誉《めいよ》　輝かしい誉《ほま》れ。
⑦ 他界《たかい》　亡くなること。
⑧ 極意《ごくい》　学問・技芸で最も大切なことがら。読み方にも注意。
⑨ 値段《ねだん》　売買されるときの金額。
⑩ 辛抱《しんぼう》　こらえること。×「辛泡」
⑪ 興味《きょうみ》　心が引かれること。
⑫ 所感《しょかん》　感じたり思ったりしたこと。
⑬ 発祥《はっしょう》　物事の起こり。「祥」は「めでたいことの前ぶれ」という意味。
⑭ 労働《ろうどう》　働くこと。
⑮ 策略《さくりゃく》　はかりごと。よくない考え。×「索略」
⑯ 節約《せつやく》　無駄遣いをしないこと。
⑰ 歳月《さいげつ》　年月。
⑱ 寄与《きよ》　役立つように尽力すること。
⑲ 試験《しけん》　テスト。
⑳ 対等《たいとう》　同じくらいの程度であること。
㉑ 至上《しじょう》　いちばん優れていること。「至」は「ぎりぎりまで行き着く」という意味。
㉒ 遺憾《いかん》　心残りであること。×「遺感」
㉓ 天然《てんねん》　人の手が加わっていないこと。
㉔ 門出《かどで》　スタート。

㉕ 懸念《けねん》　先のことを不安に思うこと。
㉖ 懇意《こんい》　仲がよくて親しいこと。
㉗ 皆無《かいむ》　まったくないこと。
㉘ 比較《ひかく》　照らし合わせること。
㉙ 成就《じょうじゅ》　成し遂げること。読み方にも注意。
㉚ 冷静《れいせい》　落ち着いていて動じないこと。
㉛ 書簡《しょかん》　用件を記して送るもの。×「書間・書管」
㉜ 功績《こうせき》　立派な成果。×「功積」
㉝ 妥当《だとう》　ぴったり当てはまること。×「打当」
㉞ 賛成《さんせい》　それでよいと認めること。同意すること。
㉟ 不意《ふい》　急に起こること。
㊱ 領域《りょういき》　限られた広がり。
㊲ 潤沢《じゅんたく》　ふんだんにあること。「潤」は「うるおう」という意味。×「純沢」
㊳ 手段《しゅだん》　やり方。
㊴ 流浪《るろう》　さまようこと。読み方にも注意。
㊵ 傑作《けっさく》　優れた作品。
㊶ 景勝《けいしょう》　景色が優れていること。
㊷ 憤慨《ふんがい》　腹を立てること。「憤・慨」の部首はどちらも「りっしんべん」。
㊸ 経歴《けいれき》　それまでにしてきた事柄。
㊹ 稽古《けいこ》　トレーニング。

item 15 カタカナ語

ケース15-1 ●意味20

ⓐ
① ア theory
② ウ visa
③ イ melancholy
④ エ retire 「リタイヤ」ともいう。

ⓑ
⑤ エ know-how
⑥ ウ feedback
⑦ イ user
⑧ ア logic 「ロジカル」は「論理的」という意味。

ⓒ
⑨ ア biotechnology
⑩ ウ pride
⑪ オ brain 「脳」という意味がある。
⑫ カ reaction
⑬ エ liberalism
⑭ イ revenge

ⓓ
⑮ イ day〔＝日中〕とservice〔＝サービス〕を結びつけた和製英語。
⑯ エ name〔＝名前〕とvalue〔＝価値〕を結びつけた和製英語。
⑰ カ barrier free
⑱ オ project team
⑲ ウ volunteer
⑳ ア risk management 「リスクマネジメント」ともいう。

ケース15-2 ●用法68

① A インパクト＝衝撃。強い影響・印象。
② A ウイット＝場に応じて気の利いたことが言える能力。機知。
③ C グロテスク＝気味が悪く、あくどい感じ。
④ A シンクタンク＝政治・経済・科学技術などさまざまな分野において、解決策の提示などを行う研究機関。頭脳集団。
⑤ C ダイナミック＝動的。力強いこと。
⑥ A ネガティブ＝否定的。消極的。↔「ポジティブ」
⑦ B ユーモア＝上品なおかしみ。明るい笑いを誘うしゃれ。
⑧ C コミュニティ＝共同体。地域社会。
⑨ C アイデンティティ＝自分が他人から認められ、自分らしさが確立できること。自己同一性。
⑩ A アイロニー＝皮肉。あてこすり。
⑪ C バーチャルリアリティ＝コンピューターの作り出す仮想の空間を現実であるかのように知覚させる技術。仮想現実。仮想現実感。
⑫ A カテゴリー＝同じ種類のものが属する範囲。範疇《はんちゅう》。
⑬ C ケア＝介護。看護。世話。
⑭ C ステレオタイプ＝型にはまった画一的なイメージ。
⑮ B パラドックス＝一般的に正しいと考えられていることに反することを言いながら、真実を言い表している言葉。逆説。
⑯ B インフラ＝社会活動の基盤となる構造物。道路・鉄道・電話などの通信施設、上下水道、病院、学校など。「インフラストラクチャー」の略。

⑰ A　⑱ B　⑲ C　⑳ B　㉑ C　㉒ C　㉓ C　㉔ B　㉕ C　㉖ C　㉗ A　㉘ B　㉙ A　㉚ C　㉛ C　㉜ A　㉝ B

オーソリティ＝ある分野において非常に優れていると認められていること。権威(者)。大家《たいか》。
ジェンダー＝社会的・文化的につくられた、男女の性差。
スローガン＝団体の主義・主張を短い文句で簡潔に表したもの。標語。
ボーダーレス＝境界や国境がないこと。また、境界や国境が意味をなさないこと。
リテラシー＝読み書き能力。また、必要な情報を引き出して理解し、活用する能力。
ナイーブ＝純真で感じやすいこと。また、飾りけがなく素朴なこと。
キャラクター＝性格。人格。
カリスマ＝英雄や教祖などに見られる、人々をひきつけて心酔させる資質。
コンプレックス＝自分が他より劣っているという感情。劣等感。
エピソード＝あまり知られていない興味深い話。逸話。
アセスメント＝事前評価。査定。
インフォームド・コンセント＝治療方針について医師からの十分な説明を受けて理解したうえで、患者が同意・拒否・選択すること。
イノベーション＝技術革新。
モチーフ＝創作の動機となった題材。
ジレンマ＝二者の間でどちらをとるか決めかねて苦しむこと。板挟み。
コミッション＝委託。また、委託業務に対する手数料。
タブー＝触れたり、口に出したりしてはいけないとされるもの。

㉞ C　㉟ A　㊱ A　㊲ C　㊳ C　㊴ C　㊵ A　㊶ C　㊷ B　㊸ B　㊹ B　㊺ A　㊻ B　㊼ A　㊽ B　㊾ C　㊿ C　(51) C　(52) C　(53) B　(54) B　(55) C　(56) B　(57) C　(58) C

モラル＝道徳。倫理。
オリジナル＝独自につくりだすこと。独創的なこと。
プロセス＝過程。手順。
コンセンサス＝合意。
サーキュレーター＝循環器。
PTSD＝心的外傷後ストレス障害。「Post-Traumatic Stress Disorder」の略。
エコロジー＝自然環境保護活動。生態学。
ジャンル＝種類。特に、文芸作品の種別。
メディア＝媒体。特に、マスコミュニケーションを指すことが多い。
スキーム＝枠組みをもった計画。
コンセプト＝全体を貫く統一的な視点や考え方。
ポジティブ＝積極的。肯定的。⇔「ネガティブ」
AED＝自動体外式除細動器。
レセプト＝診療報酬明細書。
テクノロジー＝科学技術。
ターニングポイント＝転換点。分岐点。変わり目。
マイノリティ＝少数派。⇔「マジョリティ」
アメニティ＝生活環境の快適性。
コミュニケーション＝気持ちや意見などを伝達し合うこと。
コモンセンス＝常識。良識。
マジョリティ＝多数派。過半数。⇔「マイノリティ」
テリトリー＝領域。なわばり。
パイオニア＝先駆者。開拓者。
ノスタルジア＝故郷や過去を懐かしむ気持ち。
ユニバーサルデザイン＝年齢や障害の有無などに関わらず、すべての人が快適に利用できるようにデザインすること。

⑲ B
ニュアンス＝色合い、音の調子、意味、感情などの、わずかな違い。

⑳ A
ガイドライン＝政府や団体が示す、大まかな指針。

㉑ A
インフレーション＝物価が持続的に上昇する現象。

㉒ A
フレキシブル＝柔軟なこと。

㉓ A
エッセンス＝本質的な要素。真髄。

㉔ A
オブジェ＝作品。作品として提示された物体。

㉕ B
オーバーラップ＝意識の中で、二つ以上のものが重なり合うこと。

㉖ B
カタルシス＝抑圧されていた感情が解放されて、心が浄化されること。

㉗ C
シミュレーション＝現実のモデルをつくり、それを使って実験すること。模擬実験。

㉘ A
パロディ＝よく知られた作品をもとにして、風刺や滑稽さを加えて作り直したもの。

item 18

口語文法の出題例

ケース 18-1

●「ない」の識別

①ア　「変わらぬ」と言いかえ可能。
②イ　「予算が無い」の意味。
③ウ　「強くはない」と、助詞を入れることができる。
④ア　「逃がさぬ」と言いかえ可能。
⑤イ　「一つも無い」の意味。
⑥エ　「とんでもない」で一語。
⑦ア　「できぬ」と言いかえ可能。
⑧ウ　「寂しくはない」と、助詞を入れることができる。
⑨エ　「さりげない」で一語。
⑩ア　「いぬ」と言いかえ可能。

ケース 18-2

●「れる」「られる」の意味

①ウ　「〜できる」という意味。
②エ　「〜感じずにはいられない」という意味で、「感じる」という心情・知覚動詞に付いている。
③ア　「○○に〜される」という意味。
④イ　「院長」の動作を敬って表している。

ケース 18-3

●「れる」「られる」の意味

○エ　「共有が許される」とエ「解体される」は受身。アは自発、イは可能、ウは尊敬。

ケース 18-4

●「れる」「られる」の用法

①寝られる　「寝れる」はいわゆる「ら抜き言葉」。
②○
③泳げる　可能動詞「泳げる」に「れる」を付けることはできない。

ケース18-5 ●「の」の意味用法

① エ　「犬で黒いのが」と言いかえ可能。

② ウ　「黒いものが」と言いかえ可能。

③ ア　「私が建てた」と言いかえ可能。

④ イ　「の」は言い換え不可能で、修飾・被修飾の関係を作っている。

ケース18-6 ●副詞の種類

○ イ　「とても」は程度の副詞。これ以外は状態の副詞。その中でも、様子をたくみに表現しているエ「ペロリと」とオ「にこにこと」を、擬態語《ぎたいご》という。

ケース18-7 ●副詞の呼応

○ あたかも　あとに「のごとき」「のように」とあるので、この表現に呼応する「あたかも」がふさわしいとわかる。

ケース18-8 ●品詞の識別

① ウ　基本形は「素直だ」。

② オ　陳述の副詞。

③ キ　「―る」型の連体詞。

item 21

敬語の出題例

ケース 21-1

●敬語の種類

① ア 「いる」「行く」「来る」の尊敬語。
② イ 「行く」の謙譲語。
③ イ 「食べる・飲む」「もらう」の謙譲語。
④ イ 「言う」の謙譲語。
⑤ ウ
⑥ ア 「お～になる」の形の尊敬語。
⑦ ウ

ケース 21-2

●敬語の種類

① × 「ございます」は丁寧語。
② ○ 「拝見する」は「見る」の謙譲語、「ます」は丁寧語。
③ × 「ご存じ」は尊敬語、「ます」は丁寧語。
④ × 「おっしゃる」は「言う」の尊敬語、「ます」は丁寧語。

ケース 21-3

●「食べる」「聞く」

① ウ アは「お～になる」の形の尊敬語。イは尊敬動詞。エは助動詞「られる」を用いた尊敬語。
② ウ アは「お～になる」の形の尊敬語。イ・エは敬語ではない。オは助動詞「れる」を用いた尊敬語。

ケース 21-4

●「見る」「する」

① A ご覧になる
B 拝見する
C 見ます
② A なさる
B いたす
C します

ケース 21-5

●敬語の用法

① イ 「承《うけたまわ》る」は謙譲語なので自分側に使うのが正しく、相手側には使わない。相手側には尊敬語を使う。

ケース21-6 ●敬語の用法

○オ

×ア 「伝えてくれますか」は「伝えてくださいますか」「伝えていただけますか」または「伝えてくださいませんか」「伝えていただけませんか」とする。

×イ 「わかられましたか」は「おわかりになりましたか」とする。助動詞「れる」「られる」は軽い程度の敬意しか表さず、尊敬語としてあまり好ましくない。

×ウ 相手が「先輩」なので、「テニスをやる」ではなく「テニスをなさる」とする。

×エ 「差し上げる」は謙譲語なので、相手側には使わない。

ケース21-7 ●敬語の用法

× いただいて
↓召し上がって

① 相手の動作なので、「いただく」という謙譲語ではなく「召し上がる」という尊敬語を使う。

× 見ました
↓拝見しました

④ 「見ました」は丁寧語だけしか使われていないので、敬意が足りない。「見る」のは自分の動作なので、「拝見する」という謙譲語を使う。

× なさいます
↓いたします

⑥ 「(連絡を)する」は自分の動作なので、「なさる」という尊敬語ではなく、「いたす」という謙譲語を使う。

ケース21-8 ●敬語の用法

① いらっしゃいます

② ○

③ 申し伝えて

「おる」は謙譲語なので、相手側には使わない。

自分側の動作なので、「いたす」という謙譲語は適切。

自分の動作に「おっしゃる」という尊敬語を使ってはいけない。「申す」でもよいが、伝言を表すので「申し伝える」を使うほうがベター。

item 24

文学史の出題例

ケース 24-1　●作者と作品［近代文学史］

○エ

＊各選択肢の作者は、アが谷崎潤一郎《たにざきじゅんいちろう》、イが石川啄木《いしかわたくぼく》、ウが三島《みしま》由紀夫《ゆきお》、オが宮澤賢治《みやざわけんじ》。

ケース 24-2　●作者と作品［近代文学史］

○エ

＊エの作者は夏目漱石《なつめそうせき》。夏目漱石と森鷗外《もりおうがい》は、明治の二大文豪だけあって、よく出題される。

ケース 24-3　●作者と作品と所属［近代文学史］

○ア・キ

＊イは小林多喜二《こばやしたきじ》の小説、ウは堀辰雄《ほりたつお》の小説、エは田山花袋《たやまかたい》の小説。オ以下の「〜派」は、本冊の説明を確認しておくこと。

ケース 24-4　●作者と作品［近代文学史］

○ア

＊意外に思うかもしれないが、詩・短歌・俳句も出題される。イは島崎藤村《しまざきとうそん》、ウは北原白秋《きたはらはくしゅう》、エは萩原朔太郎《はぎわらさくたろう》の詩集。

ケース 24-5　●作者と作品［近代文学史］

○ア・ウ

＊イは坪内逍遙《つぼうちしょうよう》の評論、エは斎藤茂吉《さいとうもきち》の歌集。

ケース 24-6　●作者と作品［近代文学史］

○ウ・C

＊坪内逍遙はシェークスピアを日本に紹介した。このように、その人物が何をしたかということも出題される。

ケース24-7 ●作者と作品［近代文学史］

①イ・D
②オ・E
③エ・A
④ウ・B
⑤ア・C

＊作者名と作品名を知っているだけでは解けない問題。作者と作品の特徴を意識して学習すること。

ケース24-8 ●作品と作者と時代［近代文学史］

①オ・B
②ケ・E
③イ・A
④エ・D
⑤ク・C

＊時代区分が出題されることがあるので、その時代の流れ・特徴を頭に入れておくこと。⑤の『明暗』は、夏目漱石《なつめそうせき》の最後の小説で、大正時代に発表された。

ケース24-9 ●作者［近代文学史］

○芥川龍之介

＊本書でとり上げている近代文学の作者は、名前を漢字で書けるようにしておくこと。

ケース24-10 ●文学の流れ［近代文学史］

①カ
②エ
③ア
④キ
⑤イ
⑥ウ
⑦オ

＊文学の流れの典型的問題。文中に書かれている作者名や作品名、所属するグループをヒントに解いていく。

ケース24-11 ●冒頭文と作者［近代文学史］

①ア
②ウ
③カ

＊冒頭文から作品名を答えさせる問題。このような出題にびっくりするかもしれないが、各文をよく読むと、文中に作品名が含まれていることに気づく。①は『走れメロス』、②は『山椒魚《さんしょううお》』、③は『雪国』。要するに、作品と作者を結びつける問題なのである。

ケース24-12 ●作者［古典文学史］

○清少納言

＊看護医療系専門学校入試に特有の「漢字の書き取り」問題。漢字で書けるようにしておくこと。

ケース24-13

● 作品［古典文学史］

○ 枕草子・方丈記・徒然草

＊これも「漢字の書き取り」問題。しっかり書けるようにしておくこと。

ケース24-14

● 作品と時代［古典文学史］

○ イ・エ

＊『徒然草』は鎌倉時代末期の作品。各選択肢の成立時期は、アが明治時代、イが鎌倉時代初期、ウが江戸時代、エが平安時代。

ケース24-15

● 作品と作者［古典文学史］

○ ウ

＊ア・エは『新古今和歌集《しんこきん》』、イ・オは『万葉集《まんようしゅう》』の代表的歌人。歌人名ともなると、さすがに記述式ではなく、ふつうは選択式問題の形で出る。

ケース24-16

● 作品と作者［外国の文学］

① D
② B
③ A
④ C

＊作者名と作品名を知っておけば答えられる問題。

ケース24-17

● 作者［外国の文学］

○ B

＊サルトルは哲学者として有名で、小説家でもあるが、それほど知名度のある小説を書いているわけではない。サルトル以外の選択肢が有名な小説家ばかりなので、消去法で答えを導き出すことができる。このように、外国の文学もたまに出題されるが、基本的に、作者と作品、出身国を知っておくだけで事足りる。

item 25

模擬テスト

1
問1 a＝霧　b＝孤独　c＝なが　d＝あせ
e＝いんうつ　f＝自覚　g＝依然　h＝あきら
問2 ウ
問3 あたかも
問4 イ
問5 D＝骨　E＝腹
問6 x＝絶望　y＝幸福　z＝安心(安泰)
問7 こちらから探照灯を用いてたった一条で好いから先まで明らかに見たい(32字)
問8 エ
問9 (1)＝東・西　(2)＝南・北
問10 ア
問11 連体詞
問12 (1)＝オ　(2)＝カ　(3)＝イ

2
①＝ねっしょう　②＝こったんせん　③＝ゆちゃく
④＝ばいよう　⑤＝しっとう　⑥＝たいしゃ
⑦＝へいかつきん　⑧＝きが　⑨＝きかん
⑩＝ゆうもん

3
D

4
イ

5
イ

6
①＝誓　②＝拙　③＝崇　④＝睡　⑤＝症

7
①＝申していました(申しておりました)
②＝お休みになりますか　③＝お読みになる
④＝参ります(うかがいます)　⑤＝お飲みになりますか

1

問1 eの「陰欝」はかなり難しい読みだが、このレベルの読みでもよく出題されている。

問2 「見当がつく」は、「予想できる。見込みが立つ」という意味を表す慣用句。

問3 副詞の呼応の問題。あとの部分の「〜できない人のような」とセットで使われる副詞は「あたかも」か「まるで」だが、四字という指定があるので、「あたかも」が適当とわかる。

問4 一般的な空欄補充問題だが、選択肢を見ると、

ア おそらく(〜だろう・推量)
ウ たとえ(〜ても・仮定)
エ 断じて(〜な・禁止)

と、陳述の副詞が混じっている。空欄のあとの部分を見ると、これらの副詞とセットで使われる推量・仮定・禁止の表現はないため、ア・ウ・エは不適当とわかる。残るはイの「あいにく」とオの「ちょうど」。両者を空欄に入れてみると、「あいにく」のほうが文意が通りやすいので、こちらを選ぶ。このように、空欄補充問題では、まず陳述の副詞をチェックするようにしよう。正解にたどり着くのが非常に容易になる。

問5 空欄に漢字一字を入れると、前後の表現と合わせて慣用句が完成する。Dの「骨を折る」は「苦労する。力を尽くす」という意味の慣用句。Eの「腹の足しにならない」は「空腹を補うことができない。何の役にも立たない」という意味の慣用句。体に関する慣用句は数が多く、使われる頻度も高いので、がんばって覚えるようにしよう。

問6 対義語をそのまま書かせる問題もあるが、漢字一字を指定して対義語を書かせる問題もよく出る。

問7 文末表現に注目しよう。正解を含む部分は、「こちらから探照灯を用いてたった一条で好いから先まで明らかに見たいという気がしました」となっている。設問には「気持ちを具体的に述べている部分を……抜き出しなさい」とあるので、「という気がしました」という部分の前が答えとなる。設問をきちんと読んで文末表現に注目すると答えが出るタイプの問題である。

問8 選択肢と本文を照合しよう。

ア 大学を卒業して松山に引っ越しはしたものの、×これから先どうやって生計を立てるかという不安。

イ 外国へ留学する以上は責任を要求されるので、×なんとか留学を取り消せないかという不安。

ウ どんな本を読んだら自分の将来がわかるのかはっきりせず、×本が探せなくなるという不安。

エ 自分が何をすべきか明らかにしたいものの、それがなかなかわからない不安。→○

ア・イ・ウは、×の部分が本文のどこにも書かれていない。看護医療系専門学校入試の選択肢はだいたいこのような作りになっているので、本文ときちんと照合すれば、答えは見つかる。

問9 (1)「東奔西走《とうほんせいそう》」は「東に勢いよく駆けていき、西に走っていく→あちこち忙しく走り回る」という意味。

(2)「南船北馬《なんせんほくば》」は「南では船に乗り、北では馬に乗る→たえず忙しく動き回る」という意味。

いずれの四字熟語も「忙しくあちこち動き回る」という意味を持っている。

問10 これも問8と同じく、選択肢と本文を照合しよう。

ア いくら書物を読んでも、自分の心に響く真理が発見できなかったから。→○

イ 倫敦に期待をして来たのに、×歩いてみると退屈な街だったから。

ウ ×書物を読めば読むほど理解できなくなり、何のための読書なのかと思ったから。

エ 嚢を突き破る錐を探すには、×専門の職人でないとだめだということがわかったから。

×の部分は、本文のどこにも書かれていない。

問11 「この」「その」「あの」「どの」は連体詞。

問12 近代文学史は、本冊で時代別にわかりやすくまとめてあるので、しっかり復習しておこう。

2

看護医療系の専門的な用語ばかりだが、どれも実際に入試で読みが出題されたものばかりである。

① 熱傷《ねっしょう》＝通称は「やけど」。
② 骨端線《こったんせん》＝骨の端にある軟骨。
③ 癒着《ゆちゃく》＝くっつくこと。
④ 培養《ばいよう》＝菌などを育てること。
⑤ 執刀《しっとう》＝手術を行うこと。
⑥ 代謝《たいしゃ》＝体の細胞などが新しく入れかわること。
⑦ 平滑筋《へいかつきん》＝自分の意志で動かすことができない筋肉。内臓の筋肉が代表的なもの。腕や足の筋肉のように、自分の意志で動かせる筋肉は「横紋筋《おうもんきん》」という。
⑧ 飢餓《きが》＝食べ物が不足して飢えること。
⑨ 器官《きかん》＝手・足・心臓など、組織が集まって一定の働きをするもの。
⑩ 幽門《ゆうもん》＝胃が十二《じゅうに》指腸《しちょう》に接する部分。

3

「コモンセンス」の日本語訳は「常識・良識」。

4

それぞれの言葉の意味をおさえておこう。

○ 君子危うきに近寄らず＝教養があり徳がある者は、行動を慎んで、危険なところには近づかない。
ア 弘法《こうぼう》にも筆の誤り＝どんな名人も、時には失敗することがある。
イ 触らぬ神にたたりなし＝関わりをもたなければ、災いを招くことはない。
ウ 河童《かっぱ》の川流れ＝どんな名人も、時には失敗することがある。
エ 猫に小判＝価値のわからない者に貴重なものを与えるのは無意味だ。
オ 犬も歩けば棒に当たる＝何かをしようとすれば、思わぬ災難にあうものだ。また、出歩けば、思わぬ幸運にあうものだ。

5

ア 「話せれる」の「れ」が余計。正しくは「彼女はドイツ語を流ちょうに話せる」。
ウ 「ら抜き言葉」になっている。正しくは「明日の午後、学校に来られますか」。
エ 「飲めれます」の「れ」が余計。正しくは「この水はいつまで飲めますか」。

6

次のような二字熟語が作れる。漢字クイズのような問題。

① 誓詞《せいし》・誓約《せいやく》・宣誓《せんせい》
② 拙劣《せつれつ》・拙者《せっしゃ》・稚拙《ちせつ》
③ 崇高《すうこう》・崇拝《すうはい》・尊崇《そんすう》
④ 睡眠《すいみん》・午睡《ごすい》・熟睡《じゅくすい》
⑤ 症状《しょうじょう》・軽症《けいしょう》・炎症《えんしょう》

7

① 「父」は自分側なので、謙譲語で表現する。
② 「お客様」の動作は尊敬語で表現する。
③ 「来賓の方」の動作も尊敬語で表現する。
④ 主語「私は」が省略されていると考えて、自分の動作は謙譲語で表現する。
⑤ 「先生」の動作は尊敬語で表現する。